Kampfmagie

Flüche und Schadenszauber, Berserker und Shaolin-Mönche

Kontakt: www.HarryEilenstein.de
Harry.Eilenstein@web.de
Harry Eilenstein bei youtube

Herstellung und Verlag: BoD – Books on Demand, Norderstedt

ISBN: 9783756838783

Inhaltsverzeichnis

I Kampf und Kampfmagie   **5**
   1. Einordnung der Kampfmagie   5
   2. Formen der aggressiven Magie   9
   3. Misch-Formen   11
   4. Kampf-Situationen   13

II Die reale Existenz der Kampfmagie   **14**
   1. Berichte   14
> *a) Die Magier des Pharaos (Das Zauberkrokodil, Die Bootsfahrt
> des Pharaos Snofru, Der unglaubliche Dedi, Die Geburt
> der drei Königskinder) b) Moses und die ägyptische Priester
> c) Elias und die Ba'al-Priester d) Milarepa und Naro Bönchog
> e) Cú Chulainn f) Berserker und Ulfhedin g) Die Zauberin Busla
> h) Skirnir-Lied i) Gesta danorum j) Germanische Kampfmagie
> k) Der Dänen-Missionar Poppo l) Geronimo m) Ergebnisse*
   2. Das Erlernen der Kampfmagie in einem Orden o.ä.   65
> *a) Panthermänner und Jaguarkrieger b) Berserker und Ulfhedin
> c) Keltische Ekstase-Krieger
> d) Die Krieger des Sonnengott-Göttervaters e) Shaolin f) Karate
> g) Systema h) Ergebnisse*

III Magische Kraft im Kampf   **75**
   1. Angriff   76
   2. Verteidigung   77
   3. Die Vervielfältigung der Körperkraft durch Telekinese   79
> *a) Papierrädchen-Versuch b) Smilie-Versuch c) Hepp-Versuch
> d) Drachenklauen-Versuch e) Shaolin-Versuch f) Stuhl-Versuch
> g) Ergebnisse*

IV Methoden   **84**
   1. Einsgerichtetheit   84
   2. Chakren, Sushumna und Kundalini   85
   3. Grundhaltung   89
   4. Zerstörung   90
   5. Rituale   90
   6. Meditationen   91

7. Astrologische Quadrate   92

8. Die drei Verbündeten, die Seele und die Schutzgottheit   95

9. Sonstiges   99

10. Ergebnisse   100

V Selbstverteidigung und Wahnvorstellungen   **101**

VI Übungs-Vorschlag   **102**

1. Erste Übungen   102
   a) Die eigene Grenze spüren b) Die eigene Grenze wahren
   c) Fußgängerzonen-Übung I d) Der Schutzkreis e) Das Angriffs-Spiel
   f) Fußgängerzonen-Übung II g) Einen Raum füllen
   k) Kampfmagie-Spiel I l) Kampfmagie-Spiel II

2. Die Lenkung der Lebenskraft   108
   a) Postkarten-Versuch b) Die Suche c) Hellsehen d) Aura-Tasten
   e) Runen f) Papierrädchen g) Smilie h) Hepp-Versuch
   i) Drachenklaue j) Shaolin-Versuch k) Stuhl-Versuch
   l) Abwehr-Übung I m) Abwehr-Übung II n) Abwehr-Übung III
   o) Abwehr-Übung IV p) Schutzzauber I q) Schutzzauber II
   r) Schutzzauber III s) Schutzzauber IV t) Fernstöße

3. Das Erkennen von Schwachpunkten   118
   a) Die Chakrenpaar-Polarisierungen b) Das eigene Horoskop
   c) Schwachpunkte bei anderen erkennen d) Polarisierung und Kraft

4. Die innere Stabilität   125
   a) Die Sushumna b) Die Mittlere Säule

5. Die Einsgerichtetheit   127
   a) Entschiedenheit und Einsgerichtetheit
   b) Einsgerichtetheit und Fanatismus c) Kerzen-Experiment
   d) Feuerlauf e) Sexualität f) Sport und Wettkampf g) Spiele
   h) Arbeit

6. Der physische Kampf   130

7. Der innere Halt   131

8. Die Stärkung   133
   a) Atmung b) Mantren c) Traumreise zu dem eigenen Mars
   d) Traumreisen zu Jagd-Gottheiten e) Invokationen
   f) Magie-Übung

9. Die Ekstase-Methoden   136
   a) Stampfen b) Tanzen c) Sex d) Kundalini

10. Das Großraubtier   139
     a) Der Löwenmann   b) Die Traumreise nach Göbekli Tepe
     c) Der Bär in der Schwitzhütte   d) Die Invokation des Großraubtiers
     e) Der Kult des Großraubtiers

11. Verschiedene magische Kampfmethoden   146
     a) Lebenskraft-Vampirismus   b) Flüche   c) Voodoo-Püppchen
     d) Spiritus familiaris   e) Nadis zerschneiden   f) Fernhypnose
     g) verschiedene Zauber   h) Kampf-Mudras
     i) Amulette und Talismane   j) Todeszauber

12. Die drei Bereiche des Kampfes   153

13. Die beiden Ebenen der Kampfmagie   157

14. Das Lernen mit Anleitung   159

15. Die Wahl des Weges   160

16. Weisheit   161
     a) Die Ursprünge eines Kampfes   b) Verfolgungswahn & Co.

VII   Weiterführendes Studium und Praxis   166
    1. Literatur   166
    2. Gemeinschaften   166
    3. Lehrer   167
    4. Der eigene Weg   167

VIII   Zusammenfassung   168

Bücherverzeichnis   169

I Kampf und Kampfmagie

Um es gleich zu Anfang zu sagen: Ich bin kein Spezialist auf diesem Gebiet, aber da zu diesem Thema fast keine Literatur zu finden ist – und noch weniger an niveauvollen Beschreibungen von Methoden – scheint es mir sinnvoll zu sein, das, was ich darüber weiß, für andere, die sich für dieses Thema interessieren, zusammenzufassen.

Das Thema an sich ist ein wenig heikel: Es ist natürlich sinnvoll, sich auch im Fall eines magischen Angriffs verteidigen zu können, aber man sollte andererseits keine Paranoia in Bezug auf magische Aggressionen fördern. Und ich selber möchte auch nicht der „Waffenhändler" für Magier sein, die hemmungslos andere angreifen. Es gibt auch so schon genug Kampf, Krieg und Leid in der Welt …

Daher ist dieses Buch eine Gratwanderung für mich.

1. Einordnung der Kampfmagie

Was ist eigentlich Kampfmagie? Im Grund nichts anderes als Kampf mit anderen als den üblichen Methoden.

Wie würde man sie bewerten? Im Grunde genauso wie einen normalen Kampf. Die moralische Maßstäbe und sonstigen Wertmaßstäbe, die man im Alltag anwendet, sollten auch in der Magie gelten. Alle magischen Handlungen, die den eigenen Wertmaßstäben entsprechen, wären dann „Weiße Magie" und alle magischen Handlungen, die diesen Wertmaßstäben nicht entsprechen, wären dann logischerweise „Schwarze Magie".

Daraus ergibt sich natürlich ein Problem, denn schließlich hat jeder Mensch seine eigenen Wertvorstellungen und Handlungs-Leitlinien. Folglich gibt es sehr große Unterschiede in Bezug auf das, was man für „schwarze Magie" hält.

Man könnte es sich natürlich auch einfach machen und sagen, daß jegliche Magie, die anderen hilft, „weiß" ist, und jegliche Magie, die anderen schadet, „schwarz" ist. Doch auch diese Definition führt zu Problemen, da man dann nur dann „weiß", also „gut" wäre, wenn man auf jegliche Aggression verzichtet. Die Menschen, die eine derartige Aggressions-Verdrängung betreiben, machen jedoch den allergrößten Teil der Menschen in den Wartezimmern der Psychologen aus …

Die eben geschilderte Haltung findet man auch bei den „Gutmenschen", bei den Weltverbesserern, bei den militanten Vegetariern und ähnlichen Gruppierungen. Das, was hier fehlt, ist eben die Wertschätzung und Integration der eigenen Aggression – astrologisch gesehen ist dies ein Mars-Problem.

Soweit ist die Situation ja noch recht übersichtlich. Es kommt jedoch noch ein weiterer Aspekt hinzu, der die Angelegenheit verkompliziert. Menschen haben zwar Verhaltens-Richtlinien, aber sie halten sich nicht unbedingt an sie. Das führt dazu, daß sie ihre Magie manchmal für „weiße" Zwecke einsetzen und manchmal für „schwarze" – und manchmal auch für Mischungen von beidem. Das führt dazu, daß die meiste Magie eben keine „Weiße Magie" ist und auch keine „Schwarze Magie", sondern eben „Graue Magie", wobei dieses Grau mal ein bißchen heller und mal ein bißchen dunkler ist.

Doch die Angelegenheit ist noch komplexer: Die Verhaltens-Richtlinien eines Menschen werden auch durch die Gesetze in dem Land, in dem er lebt, mitbestimmt. Da es jedoch in so gut wie keinem Land Gesetze gegen Magie gibt – sie wird ja offiziell noch immer als nicht existent betrachtet – gibt es auch keine offiziellen Regeln für den Umgang mit Magie. Das macht die Magie zu einem Bereich, der aus moralischer und juristischer Sicht weitgehend undefiniert ist.

Das führt wiederum dazu, daß manche Menschen magische Handlungen durchführen, deren normale, materielle Entsprechungen sie niemals auch nur in Betracht ziehen würden. Magie kann auch zu einem Rückzugsort für das Ausleben von verdrängten Impulsen und „illegalen" Wünschen sein.

Die Magie ist daher heutzutage nicht nur weltanschaulich gesehen ein Teil des Untergrunds, sondern auch psychologisch und juristisch gesehen. Da die Magie offiziell überhaupt nicht existiert, können dort allerlei verdrängte Dinge die seltsamsten Blüten treiben ohne jemals von offizieller Seite verfolgt zu werden. Von der Wissenschaft und vom Gesetz her gesehen, ist die Magie schließlich nur eine psychischweltanschauliche Störung eines Menschen.

Die Bewertung der Kampfmagie hängt von offizieller Seite her also vollkommen in der Luft. Man kann sie nur mithilfe des eigenen Wertesystems einordnen – und da jeder Mensch ein anderes Wertesystem hat, gibt es in Bezug auf die Kampfmagie auch keine allgemeine Einordnung.

Es gibt noch einen weiteren wichtigen Aspekt, wenn man die Stellung der Kampfmagie im eigenen Leben einordnen will. Dieser Aspekt ist der eigene Lebensstil. Wenn man von Beruf her Leutnant oder gar Fremdenlegionär ist, wird man eine vollkommen andere Einstellung zur Kampfmagie haben als wenn man von Beruf her Gärtner oder Hebamme ist.

Diese Einstellung läßt sich in ihren Grundzügen auch anhand des Horoskops eines Menschen erkennen – insbesondere anhand seines Aszendenten und der Planeten in seinem 1. Haus. So wird jemand mit einem Skorpion-Aszendent im allgemeinen kampfbereiter sein als jemand mit einem Waage-Aszendenten. Auch die Gründe, die einen Kampf rechtfertigen, hängen von dem Aszendenten ab: Bei einem Krebs-Aszendenten ist das der Schutz der eigenen Familie und bei einem Wassermann der Kampf für die Utopie einer besseren Welt. Schließlich ist auch noch der Kampfstil selber verschieden: Bei einem Widder-Aszendeten ist dies die impulsive, heftige Handlung und bei einem Steinbock die systematische und ausdauernde Bekämpfung des Gegners.

Aus diesen Unterschieden ergibt sich dann auch ein unterschiedliches Vorgehen in Situationen, in denen der Betreffende einer Aggression gegenübersteht. Der Widder wird sofort wütend, der Stier schließt die Stadttore, der Zwilling sucht nach einem Schlupfloch, der Krebs bringt seine Familie in Sicherheit, der Löwe beginnt zu brüllen, die Jungfrau sucht nach der Ursache des Problems, die Waage versucht das Problem mit Diplomatie zu lösen, der Skorpion wird bissig, der Schütze wirbt für ein gemeinsames Erreichen eines Idealzustandes, der Steinbock wird stur, der Wassermann entwirft ein Modell für alle, und der Fisch schaut danach, wer gerade die größte innere Not hat.

Das sind jetzt nur sehr kurze, stichwortartige Darstellungen des Verhaltens der zwölf Tierkreiszeichen in einem Konfliktfall, aber sie zeigen schon deutlich, daß es nicht die eine, für alle richtige Empfehlung im Umgang mit der Kampfmagie geben kann. Der Skorpion will sich eben durchsetzen und die Waage strebt immer nach der Harmonie zwischen allen Menschen. Daher muß auch jeder die für ihn richtige Haltung in Bezug auf die Kampfmagie finden. Nur mit dieser Haltung kann er auch in Konflikten erfolgreich sein.

2. Formen der aggressiven Magie

Bislang war nur ganz allgemein von „Kampfmagie" und „Schwarzer Magie" die Rede. Es wäre jedoch sinnvoll, einmal zu schauen, was man eigentlich alles unter den Begriff der „Kampfmagie" zählen will. Ist es schon Kampfmagie, wenn man sich durch das Kleine Pentagramm-Ritual schützt? Ist dieses Ritual vielleicht auch nur dann Kampfmagie, wenn man es dazu benutzt, um beim viel zu schnellen Auto-Fahren nicht von der Polizei erwischt zu werden? Oder ist es nur Kampfmagie, wenn man jemandem gegenübersteht und den Gegner mit Magie töten will? Hier kann man sehr viele verschiedene Grenzen ziehen.

Man kann zumindestens aus rein technischer Sicht vier verschiedene Fälle von „aggressiver Magie" unterscheiden, was dann immerhin eine erste Orientierung über diesen Bereich ermöglicht.

- Die einfachste und naheliegendste Unterscheidung ist sicherlich die zwischen Verteidigungs-Magie und Angriffs-Magie. Vermutlich werden die meisten Menschen jedem das Recht auf Selbstverteidigung zusprechen und daher die Verteidigungs-Magie akzeptabel finden – sofern sie der Ansicht sind, daß es Magie überhaupt gibt.

- Eine zweite Unterscheidung bezieht sich auf die Situation, in der eine Form der aggressiven Magie angewendet wird.

Wenn der Gegner nicht anwesend ist und auch nichts von der Magie weiß, handelt es sich um einen Schadenszauber.

Wenn der Gegner vor einem steht und man ihn angreift, handelt es sich um Kampfmagie.

Aus diesen zwei Unterscheidungen ergeben sich vier mögliche Arten von aggressiver Magie. Wenn man jemanden, der vor einem steht, angreift, handelt es sich um Kampfmagie. Wenn man sich jedoch gegen einen solchen Angriff nur verteidigt, handelt es sich um Abwehrmagie. Ist der Gegner, den man angreift, nicht vor Ort, dann handelt es sich um einen Schadenszauber. Ist der Angreifer, gegen den man sich sich schützen will, nicht vor Ort, dann handelt es sich Schutzmagie.

die 4 Arten der aggressiven Magie		
	Angriff	Verteidigung
Gegner anwesend	Kampfmagie	Abwehrmagie
Gegner abwesend	Schadenszauber	Schutzmagie

- Eine weitere, allerdings nicht technische Unterscheidung ergibt sich aus dem Weltbild.

Wenn man Magie einfach als eine Handlungsmöglichkeit, die in der Welt vorhanden ist, ansieht, liegt es nahe, auf die Kampfmagie dieselben Wertmaßstäbe wie im übrigen Leben anzuwenden.

Wenn man hingegen z.B. davon ausgeht, daß nicht-physikalische Wirkungen nur in der Form von Wundern, die von Gott oder den Heilgen vollbracht werden, etwas Gutes sind, und daß jegliche andere Form der Magie notwendigerweise „Schwarze Magie" und „Teufelswerk" ist, dann kann die individuelle Verwendung von Magie – egal zu welchem Zweck – nur etwas Böses und daher auch Schädliches und Verbotenes sein.

Aus diesen beiden Sichtweisen ergeben sich die grundlegenden Bewertungen einer magischen Handlung:

- göttliche Wunder: Nur Gott darf Magie bewirken.

- Weiße Magie: Nur Magie, die im Einklang mit bestimmten Regeln steht, ist gut.

- Schwarze Magie: Magie, die nicht im Einklang mit bestimmten Regeln steht, ist böse.

- Graue Magie: Man benutzt Magie und akzeptiert auch einige Regeln, aber hält sich nicht unbedingt an diese Regeln – dies ist vermutlich der häufigste Fall.

- Magie: Man unterscheidet nicht besonders zwischen den verschiedenen Möglichkeiten, Magie anzuwenden.

3. Misch-Formen

Ein weiterer Aspekt der Kampfmagie, der Schadensmagie, der Abwehrmagie und der Schutzmagie ist, daß die magische Aggression in vielen Fällen mit einer psychischen oder physischen Aggression kombiniert ist – es liegt also in sehr vielen Fällen eine Methoden-Mischung vor:

- Die physische Ergänzung der Kampfmagie ist der körperliche Angriff – mit den Händen, mit Waffen oder anderen Methoden wie z.B dem absichtlichen Herbeiführen eines Unfalls des Gegners.
Die psychische Ergänzung ist die Beleidigung, die Provokation, der Psychoterror – hier gibt es ein breites Sortiment an Möglichkeiten.

- Die physische Ergänzung des Schadenszaubers ist der Giftanschlag, die Sabotage und ähnliches mehr.
Die psychische Ergänzung ist die Verleumdung, der Telefonterror, das Zusenden von gefälschten Todesanzeigen von nahen Verwandten des Gegners usw. Auch hier sind die Menschen – leider – sehr kreativ.

- Die physische Ergänzung der Abwehrmagie ist der Kampfsport, die körperliche Fitness, der Einbruchsschutz u.ä. Kollektiv gesehen gehören hierzu die Polizei und das Militär und in früheren Zeiten auch die Burgmauer und die Zugbrücke.
Die psychische Ergänzung ist vor allem das Üben des „in sich selber Ruhens", durch das man sich nicht durch die Aktionen des anderen angreifen läßt.

- Die physische Ergänzung der Schutzmagie ist die Förderung der eigenen Gesundheit und der eigenen Standfestigkeit sowie das Abschließen von Versicherungen.
Die psychische Ergänzung ist die Selbsterkenntnis und die Selbsttreue, durch die es andere schwer haben, einen selber anzugreifen – schließlich gelingen psychische Angriffe nur an den Stellen, an denen der Angegriffene einen Schwachpunkt oder eine psychische Wunde oder gar ein Trauma hat.

Die Tabelle der vier Arten von aggressiver Magie läßt sich nun durch die ihnen entsprechenden aggressiven Handlungen ergänzen.
In der ersten Zeile steht jeweils die magische Handlung, in der zweiten die psychische Handlung und in der dritte die physische Handlung.

die 12 Arten der Aggression		
	Angriff	Verteidigung
Gegner anwesend	Kampfmagie	Abwehrmagie
	Beleidigungen, Provokation	in sich Ruhen
	körperlicher Angriff	Kampfsport, Einbruchsicherung
Gegner abwesend	Schadenszauber	Schutzmagie
	Verleumdung, Psychoterror	Selbsterkenntnis, Selbsttreue
	Sabotage, Giftanschlag,	Gesundheit, Versicherungen

4. Kampf-Situationen

Man kann die Kampfmagie auch noch in Bezug auf die Situation, in der sie stattfindet, differenzieren:

- im Alltag: Streit, Prügeleien, Angriffe

- in Konkurrenz-Situationen: sich gegen einen Nebenbuhler durchsetzen, eine Stelle in einem Unternehmen erhalten, ein Projekt fördern

- im sportlichen Wettstreit: den Hauptkonkurrenten per Magie körperliche Probleme oder Unfälle zufügen

- im wirtschaftlichen Wettbewerb: Werbung per Magie, Flüche auf die Konkurrenzprodukte oder auf die Konkurrenten selber

- im Krieg: magische Spionage, magisch ausgebildete Sonderkommandos, Flüche auf die gegnerischen Anführer

In allen diesen verschiedenen Bereichen kann man auch wieder die beiden Unterscheidungen „Angriff – Verteidigung" und „Gegner anwesend – Gegner abwesend" anwenden.

II Die reale Existenz der Kampfmagie

Man kann sich nun natürlich fragen, ob die Kampfmagie eine reine Phantasieschöpfung ist oder ob sie wirklich existiert und ausgeübt werden kann. Für eine erste Übersicht kann man sich dafür die Überlieferung über derartige magische Kampfkünste ansehen.

Die endgültige Entscheidung über die Frage, ob es Kampfmagie gibt oder nicht, kann man natürlich erst dann treffen, wenn man selber Kampfmagie erlebt oder sogar selber ausgeübt hat.

1. Berichte

Es gibt etliche Berichte über Kampfmagie, bei denen man jedoch zwei Gruppen deutlich unterscheiden kann. Diese Unterscheidung bezieht sich jedoch nicht auf den Kampf selber, sondern auf den Umgang des Siegers mit dem Verlierer: Wird der Verlierer getötet oder wird er nur unterworfen und hat er verschiedene Entscheidungsmöglichkeiten? Je fanatischer die Weltanschauung des Siegers ist, desto wahrscheinlicher ist der Tod des Verlierers … „Vae victis" wie die Lateiner sagten: „Wehe dem Besiegten!"

Derartige Kampfmagie-Duelle oder Zauberwettstreite waren in früherer Zeit eine beliebte Methode, um zu entscheiden, wer recht hatte – und recht hatte stets der Stärkere. Auch ein Rechtsstreit wurde manchmal durch einen Zweikampf entschieden – diese Methode war vor allem bei den Germanen recht beliebt.

Bei den Indogermanen wurden des öfteren auch Schlachten statt durch den Kampf zwischen den beiden Heeren durch einen Zweikampf zwischen den beiden Anführern entschieden – eigentlich ja eine ganz humane Einrichtungen, da dies die Anzahl der Toten drastisch reduziert hat. Allerdings haben die römischen Senatoren ihren Heerführern derartige Zweikämpfe schließlich verboten, da sie mehr der Kampfkraft ihrer Heere als der Kampfkraft ihrer Anführer vertraut haben.

Bei solchen Zweikämpfen ging man davon aus, daß der gewinnt, der den stärkeren Gott als Unterstützer hatte. Daher konnte man – zumindestens vor dem Hintergrund dieser Weltsicht – auch weltanschaulich-religiöse Fragen am einfachsten und direktesten durch einen Zweikampf klären.

Seitdem J.R.R. Tolkien den Magie-Kampf zwischen Saruman und Gandalf geschildert hat, ist das alte und fast ganz in Vergessenheit geratene Motiv des Magie-Kampfes wieder zu einem beliebten Thema in der Fantasy-Literatur und in den Fantasy-Filmen geworden.

a) die Magier des Pharaos

Einer der ältesten Berichte über Kampfmagie findet sich auf dem Papyrus Westcar im Berliner Ägyptologischen Museum. Der Text wurde um ca. 1600 v.Chr. niedergeschrieben. Die Stellung der Frau in dem Märchen und die drastischen Strafen zeigen, daß zwar möglicherweise die Arten der in dieser Geschichte geschilderten magischen Handlungen auch damals schon sehr alt gewesen sein können, aber daß die generelle Szenerie dieser Geschichte damals noch recht neu gewesen ist. Im Alten Reich und teilweise auch im Mittleren Reich hatten die Frauen eine wesentlich eigenständigere Position und auch die Rechtsprechung sah noch deutlich anders aus und war auf die Wiederherstellung der Ma'at, also der Richtigkeit und Harmonie ausgerichtet.

Eines Tages ließ Pharao Cheops seine Söhne zu sich rufen, damit sie ihm eine Geschichte erzählten.

Einer seiner Söhne berichtete über ein Wunder, das in der Regierungszeit Pharao Djosers geschah, woraufhin Cheops seinem Vorfahr ein reichhaltiges Opfer darbrachte.

Dann trat Chephren hervor, um seinem Vater eine Geschichte aus der Zeit des Pharaos Nebka zu erzählen:[1]

Das Zauberkrokodil

Als der Oberste Vorlesepriester Ubaoner mit dem Pharao nach Memphis ging, nutzte seine Ehefrau die Abwesenheit ihres Mannes aus, um mit einem Mann aus dem niederen Volk ein Verhältnis anzufangen. Zuerst verbrachten sie ihre Schäferstündchen an geheimen Orten, doch dann kam der Liebhaber auf die Idee, sich in der wunderschönen Laube im Garten des Ubaoner zu vergnügen. Die Ehefrau begrüßte die Idee und ließ vom Haushofmeister die Laube herrichten.

Dort verbrachten die beiden Geliebten den Tag. Am Abend trat der Mann aus der Laube heraus und ging in den Teich zum Schwimmen. Leider wurde er dabei vom Haushofmeister beobachtet und der erzählte am nächsten Tag alles seinem Herrn.

Als Ubaoner von der Verfehlung seiner Frau hörte, wurde er sehr traurig. Er befahl seinem Haushofmeister, seine Zauberbücher und Zaubergerätschaften aus Ebenholz und Gold zu holen. Aus Wachs formte er dann ein Krokodil von sieben Fingern Länge

---

1 Neka war der erste Pharao des Alten Reiches; der Pharao Djoser war sein Sohn. Cheops war der 2. Pharao der 3. Dynastie, d.h. 13. Pharao des Alten Reiches – ca. 120 Jahre nach Nebka. Chephren ist der Enkel des Cheops – diese beiden Pharaonen erbauten die beiden großen Pyramiden von Gizeh.

und belegte es mit einem Zauberspruch. Er befahl dem Haushofmeister, das Wachs-Krokodil in den Teich zu werfen, sobald der Geliebte seiner Frau das nächste Mal ins Wasser stiege.

Am darauffolgenden Tag befahl die Ehefrau von Ubaoner dem Haushofmeister erneut, die Laube herzurichten. Und wie zuvor stieg der Geliebte nach getaner Arbeit in das kühle Wasser des Teiches. Als dies geschah, warf der Haushofmeister sofort das Wachs-Krokodil in den Teich, woraufhin es sich in ein echtes Krokodil von 7 Ellen Länge verwandelte und den Mann tötete.

Sieben Tage lag sein Körper tot im Gartenteich und in diesen sieben Tagen blieb Ubaoner seinem Haus fern und verweilte im Palast des Pharaos. Am siebten Tag bat der Oberste Vorlesepriester den Pharao Nebka, mit ihm zu seinem Haus zu kommen, um sich das Wunder anzuschauen.

Als sie am Teich angekommen waren, befahl Ubaoner dem Krokodil, den toten Geliebten seiner Frau zu bringen. Das Krokodil gehorchte und schleppte den toten Körper an Land und ließ ihn los, sobald der Vorlesepriester dies befahl.

Pharao Nebka bewunderte die Schrecklichkeit dieses Wesens und kaum waren seine Worte ausgesprochen, packte Ubaoner es und es wurde wieder zu Wachs in seinen Händen. Der Oberste Vorlesepriester erzählte Nebka von der schrecklichen Tat seiner Frau und dieses Mannes. Als er die Geschichte beendet hatte, befahl der Pharao dem Krokodil, sein Werk zu vollenden.

Das Krokodil wurde wieder lebendig, schnappte sich den Leichnam und zog ihn bis auf den Grund des Teiches. Niemand sah die beiden jemals wieder. Die Ehefrau aber wurde auf Befehl des Pharaos an den Pranger gebracht und dort bei lebendigem Leibe verbrannt.

Nachdem Chephren seine Geschichte beendet hatte, befahl Cheops wieder ein großes Opfer für Pharao Nebka und ein kleines für den Obersten Vorlesepriester Ubaoner.[2]

Die Bootsfahrt des Pharaos Snofru

Danach begann ein weiterer Sohn des Cheops, Baufre[3], seine Geschichte zu erzählen, die in der Zeit von Cheops' Vater Snofru geschah und die, wie er versicherte, niemals davor und auch niemals wieder danach geschehen würde.

Eines Tages wanderte Pharao Snofru lustlos und ziellos durch seinen Palast. Er suchte Zerstreuung, aber er hatte keine Ahnung, wie er sie finden konnte. Also rief er seinen Obersten Vorlesepriester Djadja-em-anch zu sich, um ihn um Rat zu bitten. Und dieser hatte tatsächlich eine gute Idee. Der Pharao solle ein Schiff rüsten, auf

---

2   Dieser Krokodil-Schadenszauber erinnert sehr an einen Spiritus familiaris – diese Methode
     wird später noch erklärt.
3   Der Cheops-Sohn Baufre ist selber kein Pharao geworden.

dem sich alle schönen Mädchen seines Harems einfinden sollten. Das Herz des Pharaos würde sich beim Anblick der rudernden Mädchen und seines wundervollen Reiches, mit den Vogelsümpfen, seinem See, seinen Feldern und Ufer erfreuen.

Snofru, begeistert von dieser Idee, ließ 20 goldverzierte Ruder aus Ebenholz kommen, sowie die 20 schönsten Frauen seines Harems. Sie sollten wohlgeformte Brüste und noch kein Kind bekommen haben. Anstelle eines Kleides sollten sie ein Netz am Körper tragen.

Nur wenig später ruderten 20 wunderschöne Frauen, nur bekleidet mit einem Netz, den Pharao stromauf und stromab. Plötzlich verlor eine der Schlagführerinnen ihr Fischschmuckstück aus Türkis und es fiel ins metertiefe Wasser. Entsetzt über ihren Verlust, hörte sie sofort auf zu rudern und ihre Begleiterinnen taten es ihr gleich. Als Snofru sich verwundert fragte, warum seine schönen Damen nicht mehr ruderten, hörte er von dem Verlust. Er versprach der Frau einen Ersatz, doch sie wollte nur dieses eine Schmuckstück wiederhaben.

Der Oberste Vorlesepriester wußte Rat. Er murmelte einen Zauberspruch, woraufhin eine Hälfte des Sees sich rauschend über die andere stülpte. So konnte die Mannschaft den Grund des Sees sehen und da lag auch tatsächlich, auf einer Scherbe liegend, das Schmuckstück. Nachdem Djadja-em-anch der Dame das Schmuckstück zurückgegeben hatte. Ließ er die eine Hälfte des Sees wieder in seine ursprüngliche Lage zurückfließen.

Nachdem Baufre die Geschichte geendet hatte, veranlaßte Cheops erneut ein großes Opfer. Dieses Mal für seinen Vater Snofru. Der Oberste Vorlesepriester Djadja-em-anch erhielt ein kleines Opfer.[4]

Der unglaubliche Dedi

Nun meldete sich der nächste Sohn, Hardjedef[5], zu Wort. Sein Vater habe nun viele Geschichten aus der Vergangenheit gehört, doch er wisse nicht, ob sie wahr wären. Er jedoch könnte ihm ein Wunder zeigen, daß hier und jetzt passierte ...

Hardjedef kenne einen 110 Jahre alten Mann, der in der Pyramidenstadt des Snofru wohnen würde und jeden Tag 500 Laibe Brot und einen halben Ochsen essen sowie 100 Krüge Bier trinken würde. Außerdem wisse dieser Mann, wie man einen abgeschnittenen Kopf wieder ansetzen und einen wilden Löwen ganz zahm die Leine hinter sich herschleifen lassen könnte. Und dieser Mann kenne außerdem die Anzahl der Kammern des Heiligtums des Thot.

---

4 Denselben Zauber hat Moses 1600 Jahre später angewandt (sofern diese Geschichte wirklich aus der Zeit des Pharaos Cheops stammt), als er das Meer geteilt hat, um mit den Israeliten fliehen zu können. Moses ist in Ägypten aufgewachsen und wird auch dort seine Magie erlernt haben.

5 Auch dieser Cheops-Sohn ist kein Pharao gewesen.

Bei diesen letzten Worten wurde Cheops hellhörig, denn er suchte schon lange nach den geheimen Kammern des Weisheitsgottes Thot. Und so schickte er seinen Sohn los, um den Mann namens Dedi an den Königshof zu holen. Und so geschah es.

Als Dedi vor dem König stand, wollte dieser auch sogleich das Wunder des abgeschnittenen Kopfes sehen und befahl einen totgeweihten Verbrecher aus dem Kerker zu holen.

Erschrocken beschwor Dedi den Pharao, dieses nicht mit einem Menschen zu tun. Und so brachte man ihm eine Gans. Sie schnitten ihr den Kopf ab, legten diesen an das eine Ende der Empfangshalle und den Körper an das andere. Dedi murmelte eine paar Zauberworte und sowohl Körper als auch Kopf der Gans gingen aufeinander zu und vereinten sich wieder. Die Gans erwachte zu neuem Leben und schnatterte aufgeregt.

Das Gleiche geschah mit einer Ente und einem Rind, die nach der Vereinigung ihres Kopfes und Körpers munter gackerten bzw. brüllten.[6]

Ob es denn auch wahr wäre, daß Dedi einen Löwen bändigen könne, frug der Pharao. Man holte einen wilden Löwen, der unbändig an seiner Leine zerrte. Nach Dedis Zauberspruch lief der Löwe friedlich hinter ihm her und seine Leine schleifte auf dem Boden.

Und so frug der Pharao Dedi nun das, worauf er besonders begierig war, es zu erfahren: „Wie viele Kammern hat das Heiligtum des Thot?"

Dedi entschuldigte sich mit dem Worten, daß er es nicht wisse. Aber er kenne den Ort, wo sich dieses Heiligtum befände. Es läge in Heliopolis in einer Kiste, die in einer Kammer mit dem Namen „Archiv" stünde.

Der Pharao befahl Dedi, dieses sofort zu holen. Doch Dedi erklärte Cheops, daß nicht er, sondern das älteste der drei Kinder, die noch im Leib der Ruddedet seien, es ihm bringen würde.

Der Pharao fragte, wer denn diese Dame Ruddedet wäre und Dedi erzählte ihm, daß sie die Frau eines Priesters sei, die mit drei Kindern des Sonnengottes Re schwanger wäre. Und diese drei Kinder würden einmal Pharao werden.

Cheops wurde über diese Worte sehr traurig, denn seine Linie würde nach dieser Prophezeiung nicht weiter regieren. Doch Dedi versprach ihm, daß zuerst sein Sohn und sein Enkel auf dem Thron Ägyptens sitzen und dann erst die drei Kinder Ruddedets Ägypten regieren würden.

Cheops erklärte Dedi, daß er gerne bei der Geburt dabei sein würde, doch der von Dedi vorausgesagte Termin läge genau in dem Zeitraum, wenn der Kanal trocken liegen würde und er nicht aufs andere Ufer übersetzen könne. Daher versprach Dedi, daß er das Wasser des Kanals steigen lassen würde, damit der Pharao zur rechten

---

6 Dieser Wiedergeburtszauber ist u.a. auch von der hethisch-griechischen Zauberin-Priesterin Medea bekannt.

Zeit hinübersetzen könnte. Cheops gab Dedi eine Unterkunft bei seinem Sohn Hardjedef und sorgte mit großzügigen Gaben für sein Leib und Wohl.

Die Geburt der drei Königskinder

Noch am gleichen Tag bekam Ruddedet starke Wehen. Der Gott Re schickte die Götter Isis, Nephthys, Meschenet, Heket und Chnum los, um die Frau bei der Geburt seiner Söhne zu unterstützen. Um nicht erkannt zu werden, verwandelten sich die Göttinnen in Tänzerinnen und Chnum trug ihr Gepäck.

Sie gingen zum Haus des Rewosers, des Ehemannes der Ruddedet, und fingen an mit ihrer Darbietung. In seiner Verzweiflung über die schwere Geburt seiner Frau, bat er die Tänzerinnen um Hilfe. Diese sagten sofort zu, denn sie verstünden etwas vom Entbinden. Sie gingen eilig zu Ruddedet und schlossen die Tür hinter sich zu. Isis stellte sich vor die Gebärende, Nephthys dahinter und Heket beschleunigte die Geburt.

Sie gaben den Kindern einzeln einen Namen, durchschnitten die Nabelschnur und legten sie auf ihr Bettchen. Chnum formte auf seiner Töpferscheibe den perfekten Leib für die Kinder, welche die Namen Userkaf, Sahure und Neferirkare erhielten. Rewoser war außer sich vor Freude und gab als Zeichen seines Dankes Chnum einen Sack Gerste zum Bierbrauen mit.

Als die Götter wieder in ihrem Heim waren, frug Isis sich, wie sie denn eigentlich gehen konnten, ohne für die Kinder des Re ein Wunder vollbracht zu haben? So formten die Götter drei Kronen und legten sie in den Sack Gerste.

Dann ließen sie ein heftiges Unwetter aufziehen. Sie gingen zurück zum Haus des Rewoser und baten ihn darum, ihren Sack Gerste für sie zurückzulegen, bis sie aus dem Norden zurückkehren würden. Denn bei diesem Wetter würde die Gerste nur naß und faul werden. Rewoser verschloß sie sicher in einer dunklen Kammer.

Während ihrer 14-tägigen Reinigung[7] frug Ruddedet ihre Dienerin, ob das Haus gut versorgt sei. Alles sei in ausreichender Zahl vorhanden, antwortete die Dienerin, nur Getreidekrüge hätte man nicht gebracht, da nichts da wäre, um sie zu befüllen. Daraufhin befahl Ruddedet die Gerste der Tänzerinnen zu holen, die ihr Mann natürlich wieder ersetzen würde. Als die Dienerin die Kammer öffnete, schallte ihr ein großer Jubel und Laute von Gesang, Musik und Tanz entgegen, genau wie man einen Pharao begrüßte.

Erschrocken holte die Dienerin sofort ihre Herrin. Zusammen suchten sie nach dem Ursprung dieser Laute und schließlich fand Ruddedet die Quelle in dem Sack der Tänzerinnen. Sie wußte nun, daß sie drei Könige geboren hatte und zusammen mit ihrem Mann freute sie sich über alle Maßen.[8]

---

7 Reinigungszeit nach der Geburt
8 Dies ist eine in vielen Varianten bekannte Szene, die bestätigen soll, daß der Pharao

Einige Zeit später bestrafte Ruddedet ihre Dienerin mit Schlägen. Verbittert machte sich die Dienerin auf zu König Cheops, um ihn über die Geburt der drei Königskinder zu unterrichten.

Auf dem Weg traf sie ihren Halbbruder, der sie nach ihrem Ansinnen fragte. Die Dienerin erzählte ihm alles und der Bruder wurde wütend, weil sie ihn nun in diese Geschichte mit hineingezogen hatte und schlug sie mit einem Flachsstrang. Die Dienerin lief davon, um Wasser zu holen. Dort schnappte sie ein Krokodil und verschlang sie...

Das Ende dieser Geschichte ist leider nicht erhalten geblieben.

Ruddedet war nicht die Frau eines Priesters, sondern entstammte der Königsfamilie und hieß eigentlich Chenet-kau-es. Nur Userkaf war ihr Sohn, während Sahure und Neferirkare ihre Enkel waren.

Zusammenfassung

Die Kampfmagie-Szene in dieser Geschichte ist der Krodokil-Schadenszauber des Ubaoner. Die Wachsfigur des Krokodils ist offensichtlich mit den heutigen Voodoo-Püppchen und mit dem mittelalterlichen Spiritus familiaris verwandt, die in einem späteren Kapitel noch beschrieben werden.

Die Herkunft der Zauber-Motivs des Teilens eines Gewässers ist unklar. Es erscheint 300 Jahre nach der Niederschrift dieser Geschichte auch in der Geschichte des Moses.

Das Abhacken des Kopfes und das Wiederbeleben stammt vermutlich aus der Osiris-Mythe, der als Korngott bei jeder Ernte zerstückelt worden ist. Dieses Motiv findet sich auch in der griechisch-hethitischen Erzählung über die Priesterin-Zauberin Medea. Es handelt sich hier offenbar um die Umdeutung eines Wiedergeburtszaubers.

Die letzte der vier Geschichten soll die Abstammung des Pharaos von den Göttern beweisen.

---

göttlicher Herkunft ist. Er wird zwar von seinen Eltern gezeugt und geboren, aber sein eigentlicher Vater und seine eigentliche Mutter sind Gottheiten. Dieses Motiv findet sich noch 1300 Jahre später bei Jesus, der nicht als der Sohn des Josef, sondern als der Sohn Gottes angesehen wurde. Daher wurde der Pharao „Sohn des Sonnengottes Re" genannt und Christus entsprechend „Sohn Gottes".

b)   Moses und die ägyptische Priester

Dies ist vermutlich in dem christlich geprägten Teil der Welt der bekannteste Magie-Kampf. Er findet sich im 2. Buch Mose in den Kapiteln 7-11 und 14.
Moses lebte ungefähr um 1300 v.Chr.

Der HERR sprach zu Mose: „Siehe, ich setze Dich zum Gott für den Pharao[9], und Aaron, Dein Bruder, soll Dein Prophet sein. Du sollst alles reden, was ich Dir gebieten werde; aber Aaron, Dein Bruder, soll es vor dem Pharao reden, damit er die Israeliten aus seinem Lande ziehen lasse. Aber ich will das Herz des Pharao verhärten und viele Zeichen und Wunder tun in Ägyptenland. Und der Pharao wird nicht auf euch hören. Dann werde ich meine Hand auf Ägypten legen und durch große Gerichte meine Heerscharen, mein Volk, die Israeliten, aus Ägyptenland führen. Und die Ägypter sollen innewerden, daß ich der HERR bin, wenn ich meine Hand über Ägypten ausstrecken und die Israeliten aus ihrer Mitte wegführen werde. "

Mose und Aaron taten, wie ihnen der HERR geboten hatte. Und Mose war achtzig Jahre und Aaron dreiundachtzig Jahre alt, als sie mit dem Pharao redeten.

Und der HERR sprach zu Mose und Aaron: „Wenn der Pharao zu euch sagen wird: 'Weist euch aus durch ein Wunder!', so sollst Du zu Aaron sagen: 'Nimm Deinen Stab[10] und wirf ihn hin vor dem Pharao, daß er zur Schlange werde!'"

Da gingen Mose und Aaron hinein zum Pharao und taten, wie ihnen der HERR geboten hatte. Und Aaron warf seinen Stab hin vor dem Pharao und vor seinen Großen, und er ward zur Schlange.

Da ließ der Pharao die Weisen und Zauberer rufen und die ägyptischen Zauberer taten ebenso mit ihren Künsten: Ein jeder warf seinen Stab hin, da wurden Schlangen daraus; aber Aarons Stab verschlang ihre Stäbe.

Aber das Herz des Pharao wurde verstockt, und er hörte nicht auf sie, wie der HERR gesagt hatte.

Und der HERR sprach zu Mose: „Das Herz des Pharao ist hart; er weigert sich, das Volk ziehen zu lassen. Geh hin zum Pharao morgen früh. Siehe, er wird ans Wasser gehen; so tritt ihm entgegen am Ufer des Nils und nimm den Stab in Deine Hand, der zur Schlange wurde, und sprich zu ihm: 'Der HERR, der Gott der Hebräer, hat mich zu Dir gesandt und läßt Dir sagen: 'Laß mein Volk ziehen, daß es mir diene in der

---

9   zum Gott für den Pharao setzen = er soll dem Pharao durch Gottes Hilfe überlegen sein
10 Stab: eine frühe Form des Zauberstabes, der als Symbol des Weltenbaumes, der Himmelssäule, der Himmelsleiter usw. ein Hinweis auf die Verbindung seines Trägers zu Gott bzw. zu den Göttern gewesen; erst war dieser Stab wie das Szepter eines Königs nur ein Symbol, später wurde er auch als die Quelle der magischen Macht angesehen

Wüste. Aber Du hast bisher nicht hören wollen. Darum spricht der HERR: 'Daran sollst Du erfahren, daß ich der HERR bin: Siehe, ich will mit dem Stabe, den ich in meiner Hand habe, auf das Wasser schlagen, das im Nil ist, und es soll in Blut verwandelt werden. Die Fische im Strom werden sterben, und der Strom wird stinken. Und die Ägypter wird es ekeln, das Wasser aus dem Nil zu trinken.'"

Und der HERR sprach zu Mose: „Sage Aaron: 'Nimm Deinen Stab und recke Deine Hand aus über die Wasser in Ägypten, über ihre Ströme und Kanäle und Sümpfe und über alle Wasserstellen, daß sie zu Blut werden, und es sei Blut in ganz Ägyptenland, selbst in den hölzernen und steinernen Gefäßen.'"

Mose und Aaron taten, wie ihnen der HERR geboten hatte. Da hob er den Stab und schlug ins Wasser, das im Nil war, vor dem Pharao und seinen Großen. Und alles Wasser im Strom wurde in Blut verwandelt. Und die Fische im Strom starben und der Strom wurde stinkend, sodaß die Ägypter das Wasser aus dem Nil nicht trinken konnten; und es war Blut in ganz Ägyptenland.[11]

Und die ägyptischen Zauberer taten ebenso mit ihren Künsten. So wurde das Herz des Pharao verstockt, und er hörte nicht auf Mose und Aaron, wie der HERR gesagt hatte.

Und der Pharao wandte sich und ging heim und nahm sich auch dies nicht zu Herzen. Aber alle Ägypter gruben am Nil entlang nach Wasser zum Trinken, denn das Wasser aus dem Strom konnten sie nicht trinken. Und das währte sieben Tage lang, nachdem der HERR den Strom geschlagen hatte.

Da sprach der HERR zu Mose: „Geh hinein zum Pharao und sage zu ihm: 'So spricht der HERR: 'Laß mein Volk ziehen, daß es mir diene! Wenn Du Dich aber weigerst, siehe, so will ich Dein ganzes Gebiet mit Fröschen plagen, daß der Nil von Fröschen wimmeln soll. Die sollen heraufkriechen und in Dein Haus kommen, in Deine Schlafkammer, auf Dein Bett, auch in die Häuser Deiner Großen und Deines Volks, in Deine Backöfen und in Deine Backtröge; ja, die Frösche sollen auf Dich selbst und auf Dein Volk und auf alle Deine Großen kriechen.'"

Und der HERR sprach zu Mose: „Sage Aaron: 'Recke Deine Hand aus mit Deinem Stabe über die Ströme, Kanäle und Sümpfe und laß Frösche über Ägyptenland kommen."

Und Aaron reckte seine Hand aus über die Wasser in Ägypten, und es kamen Frösche herauf und bedeckten Ägyptenland.

Da taten die Zauberer ebenso mit ihren Künsten und ließen Frösche über

---

11 Diese Stelle ist ein wenig unklar – wie konnten die Priester das Wasser, das doch schon in Blut verwandelt worden war, nochmals in Blut verwandeln? Es wäre auch eher zu erwarten gewesen, daß sie das Blut wieder in Wasser zurückverwandelten. Viel später hat Christus dann als erstes seiner Wunder Wasser in Wein verwandelt.

Ägyptenland kommen.[12]

Da ließ der Pharao Mose und Aaron rufen und sprach: „Bittet den HERRN für mich, daß er die Frösche von mir und von meinem Volk nehme, so will ich das Volk ziehen lassen, daß es dem HERRN opfere."

Mose sprach: „Bestimme über mich in Deiner Majestät, wann ich für Dich, für Deine Großen und für Dein Volk bitten soll, daß bei Dir und in Deinem Haus die Frösche vertilgt werden und allein im Nil bleiben."

Er sprach: „Morgen."

Mose antwortete: „Ganz wie Du gesagt hast; auf daß Du erfahrest, daß niemand ist wie der HERR, unser Gott. Die Frösche sollen von Dir, von Deinem Hause, von Deinen Großen und von Deinem Volk weichen und allein im Nil übrig bleiben."

So gingen Mose und Aaron vom Pharao. Und Mose schrie zu dem HERRN wegen der Frösche, die er über den Pharao gebracht hatte. Und der HERR tat, wie Mose gesagt hatte, und die Frösche starben in den Häusern, in den Höfen und auf dem Felde. Und man häufte sie zusammen, hier einen Haufen und da einen Haufen, und das Land stank davon.

Als aber der Pharao merkte, daß er Luft gekriegt hatte, verhärtete er sein Herz und hörte nicht auf sie, wie der HERR gesagt hatte.

Und der HERR sprach zu Mose: „Sage Aaron: 'Strecke Deinen Stab aus und schlag in den Staub der Erde, daß er zu Stechmücken werde in ganz Ägyptenland.'"

Sie taten so, und Aaron reckte seine Hand aus mit seinem Stabe und schlug in den Staub auf der Erde. Und es kamen Mücken und setzten sich an die Menschen und an das Vieh; aller Staub der Erde ward zu Mücken in ganz Ägyptenland.

Die Zauberer taten ebenso mit ihren Künsten, um Mücken hervorzubringen; aber sie konnten es nicht. Und die Mücken waren sowohl an den Menschen als am Vieh.

Da sprachen die Zauberer zum Pharao: „Das ist Gottes Finger."[13]

Aber das Herz des Pharao wurde verstockt, und er hörte nicht auf sie, wie der HERR gesagt hatte.

Und der HERR sprach zu Mose: „Mach Dich morgen früh auf und tritt vor den Pharao, wenn er hinaus ans Wasser geht, und sage zu ihm: 'So spricht der HERR: 'Laß mein Volk ziehen, daß es mir diene; wenn nicht, siehe, so will ich Ungeziefer kommen lassen über Dich, Deine Großen, Dein Volk und Dein Haus, daß die Häuser der Ägypter und das Land, auf dem sie wohnen, voller Ungeziefer werden sollen. An dem Lande Goschen aber, wo sich mein Volk aufhält, will ich an dem Tage etwas

---

12 Hier ist die Wiederholung des "Froschzaubers" zwar denkbar, aber nicht förderlich für die Ägypter selber.

13 Gottes Finger = Gottes Tat

Besonderes tun, daß dort kein Ungeziefer sei, damit Du innewirst, daß ich der HERR bin, inmitten dieses Landes, und ich will einen Unterschied machen zwischen meinem und Deinem Volk. Morgen schon soll das Zeichen geschehen."

Und der HERR tat so, und es kam viel Ungeziefer in das Haus des Pharao, in die Häuser seiner Großen und über ganz Ägyptenland, und das Land wurde verheert von dem Ungeziefer.

Da ließ der Pharao Mose und Aaron rufen und sprach: „Geht hin, opfert eurem Gott hier im Lande."

Mose sprach: „Das geht nicht an, denn was wir dem HERRN, unserm Gott, opfern, ist den Ägyptern ein Gräuel. Siehe, wenn wir vor ihren Augen opfern, was ihnen ein Gräuel ist, werden sie uns dann nicht steinigen? Drei Tagereisen weit wollen wir in die Wüste ziehen und dem HERRN, unserm Gott, opfern, wie er uns gesagt hat."

Der Pharao sprach: „Ich will euch ziehen lassen, daß ihr dem HERRN, eurem Gott, opfert in der Wüste. Nur zieht nicht zu weit und bittet für mich!"

Mose sprach: „Siehe, wenn ich jetzt von Dir hinausgegangen bin, so will ich den HERRN bitten, daß das Ungeziefer morgen vom Pharao und seinen Großen und seinem Volk weiche; nur täusche uns nicht abermals, daß Du das Volk nicht ziehen lässt, dem HERRN zu opfern."

Und Mose ging hinaus vom Pharao und bat den HERRN. Und der HERR tat, wie Mose gesagt hatte, und schaffte das Ungeziefer weg vom Pharao, von seinen Großen und von seinem Volk, sodaß auch nicht eines übrig blieb.

Aber der Pharao verhärtete sein Herz auch diesmal und ließ das Volk nicht ziehen.

Da sprach der HERR zu Mose: „Geh hinein zum Pharao und sage zu ihm: 'So spricht der HERR, der Gott der Hebräer: 'Laß mein Volk ziehen, daß sie mir dienen! Wenn Du Dich weigerst und sie weiter aufhältst, siehe, so wird die Hand des HERRN kommen über Dein Vieh auf dem Felde, über die Pferde, Esel, Kamele, Rinder und Schafe, eine sehr schwere Pest. Aber der HERR wird einen Unterschied machen zwischen dem Vieh Israels und Ägyptens, daß nichts sterbe von allem, was die Israeliten haben."

Und der HERR bestimmte eine Zeit und sprach: „Morgen wird der HERR solches an dem Lande tun."

Und der HERR tat es am andern Morgen; da starb alles Vieh der Ägypter, aber von dem Vieh der Israeliten starb nicht eins. Und der Pharao sandte hin, und siehe, es war von dem Vieh Israels nicht eins gestorben. Aber das Herz des Pharao wurde verstockt, und er ließ das Volk nicht ziehen.

Da sprach der HERR zu Mose und Aaron: „Füllt eure Hände mit Ruß aus dem Ofen, und Mose werfe ihn vor dem Pharao gen Himmel, daß er über ganz Ägyptenland staube und böse Blattern aufbrechen an den Menschen und am Vieh in ganz

Ägyptenland."

Und sie nahmen Ruß aus dem Ofen und traten vor den Pharao, und Mose warf den Ruß gen Himmel. Da brachen auf böse Blattern an den Menschen und am Vieh.

Auch die Zauberer konnten nicht vor Mose treten wegen der bösen Blattern; denn es waren an den Zauberern ebenso böse Blattern wie an allen Ägyptern.

Aber der HERR verstockte das Herz des Pharao, daß er nicht auf sie hörte, wie denn der HERR zu Mose gesagt hatte.

Da sprach der HERR zu Mose: „Mach Dich morgen früh auf und tritt vor den Pharao und sage zu ihm: 'So spricht der HERR, der Gott der Hebräer: 'Laß mein Volk ziehen, daß es mir diene; sonst werde ich diesmal alle meine Plagen über Dich selbst senden, über Deine Großen und über Dein Volk, damit Du innewirst, daß meinesgleichen nicht ist in allen Landen. Denn ich hätte schon meine Hand ausrecken und Dich und Dein Volk mit Pest schlagen können, daß Du von der Erde vertilgt würdest. Aber dazu habe ich Dich erhalten, daß meine Kraft an Dir erscheine und mein Name verkündigt werde in allen Landen. Du stellst Dich noch immer wider mein Volk und willst es nicht ziehen lassen. Siehe, ich will morgen um diese Zeit einen sehr großen Hagel fallen lassen, wie er noch nie in Ägypten gewesen ist von der Zeit an, als es gegründet wurde, bis heute. Und nun sende hin und verwahre Dein Vieh und alles, was Du auf dem Felde hast. Denn alle Menschen und das Vieh, alles, was auf dem Felde gefunden und nicht in die Häuser gebracht wird, muß sterben, wenn der Hagel auf sie fällt."

Wer nun von den Großen des Pharao das Wort des HERRN fürchtete, der ließ seine Knechte und sein Vieh in die Häuser fliehen. Wessen Herz sich aber nicht an des HERRN Wort kehrte, der ließ seine Knechte und sein Vieh auf dem Felde.

Da sprach der HERR zu Mose: „Recke Deine Hand aus gen Himmel, daß es hagelt über ganz Ägyptenland, über Menschen, über Vieh und über alles Gewächs auf dem Felde in Ägyptenland."

Da streckte Mose seinen Stab gen Himmel, und der HERR ließ donnern und hageln und Feuer schoß auf die Erde nieder. So ließ der HERR Hagel fallen auf Ägyptenland, und Blitze zuckten dazwischen und der Hagel war so schwer, wie er noch nie in ganz Ägyptenland gewesen war, seitdem die Leute dort wohnen. Und der Hagel erschlug in ganz Ägyptenland alles, was auf dem Felde war, Menschen und Vieh, und zerschlug alles Gewächs auf dem Felde und zerbrach alle Bäume auf dem Felde. Nur im Lande Goschen, wo die Israeliten waren, da hagelte es nicht.

Da schickte der Pharao hin und ließ Mose und Aaron rufen und sprach zu ihnen: „Diesmal hab ich mich versündigt; der HERR ist im Recht, ich aber und mein Volk sind schuldig. Bittet aber den HERRN, daß es genug sei mit dem Donnern Gottes und dem Hagel, so will ich euch ziehen lassen, daß ihr nicht länger hierbleiben müßt."

Mose sprach zu ihm: „Wenn ich zur Stadt hinauskomme, will ich meine Hände ausbreiten zum HERRN, so wird der Donner aufhören und kein Hagel mehr fallen, damit Du innewirst, daß die Erde des HERRN ist. Ich weiß aber: Du und Deine Großen, ihr fürchtet euch noch nicht vor Gott dem HERRN. So wurden zerschlagen der Flachs und die Gerste, denn die Gerste stand in Ähren und der Flachs in Blüte. Aber der Weizen und der Dinkel wurden nicht zerschlagen, denn es ist Spätgetreide."

So ging nun Mose von dem Pharao zur Stadt hinaus und breitete seine Hände aus zum HERRN, und Donner und Hagel hörten auf, und der Regen troff nicht mehr auf die Erde.

Als aber der Pharao sah, daß Regen, Donner und Hagel aufhörten, versündigte er sich weiter und verhärtete sein Herz, er und seine Großen. So wurde des Pharao Herz verstockt, daß er die Israeliten nicht ziehen ließ, wie der HERR durch Mose gesagt hatte.

Da sprach der HERR zu Mose: „Geh hinein zum Pharao; denn ich habe sein und seiner Großen Herz verhärtet, auf daß ich diese meine Zeichen unter ihnen tue und auf daß Du verkündigst vor den Ohren Deiner Kinder und Deiner Kindeskinder, wie ich mit den Ägyptern verfahren bin und welche Zeichen ich unter ihnen getan habe, damit ihr wißt: Ich bin der HERR."

So gingen Mose und Aaron hinein zum Pharao und sprachen zu ihm: „So spricht der HERR, der Gott der Hebräer: 'Wie lange weigerst Du Dich, Dich vor mir zu demütigen? Laß mein Volk ziehen, daß es mir diene! Weigerst Du Dich aber, mein Volk ziehen zu lassen, siehe, so will ich morgen Heuschrecken kommen lassen über Dein Gebiet, daß sie das Land so bedecken, daß man von ihm nichts mehr sehen kann. Und sie sollen fressen, was euch noch übrig und verschont geblieben ist von dem Hagel, und sollen alle Bäume kahl fressen, die wieder sprossen auf dem Felde; und sie sollen füllen Deine Häuser und die Häuser Deiner Großen und aller Ägypter, wie es nicht gesehen haben Deine Väter und Deiner Väter Väter, seit sie auf Erden waren bis auf diesen Tag."

Und er wandte sich und ging vom Pharao hinaus.

Da sprachen die Großen des Pharao zu ihm: „Wie lange soll dieser Mann uns Verderben bringen? Laß die Leute ziehen, daß sie dem HERRN, ihrem Gott, dienen. Erkennst Du denn nicht, daß Ägypten verloren ist?"

Da wurden Mose und Aaron wieder vor den Pharao gebracht.

Der sprach zu ihnen: „Geht hin und dient dem HERRN, eurem Gott. Wer von euch soll aber hinziehen?"

Mose sprach: „Wir wollen ziehen mit Jung und Alt, mit Söhnen und Töchtern, mit Schafen und Rindern; denn wir haben ein Fest des HERRN."

Er sprach zu ihnen: „O ja, der HERR sei mit euch, so gewiß wie ich euch und eure Kinder ziehen lasse! Ihr seht doch selbst, daß ihr Böses vorhabt! Nein, nur ihr Männer zieht hin und dient dem HERRN! Denn das ist es doch, was ihr begehrt habt."

Und man stieß sie hinaus vom Pharao.

Da sprach der HERR zu Mose: „Recke Deine Hand über Ägyptenland, daß Heuschrecken auf Ägyptenland kommen und alles auffressen, was im Lande wächst, alles, was der Hagel übrig gelassen hat."

Mose streckte seinen Stab über Ägyptenland, und der HERR trieb einen Ostwind ins Land, den ganzen Tag und die ganze Nacht. Und am Morgen führte der Ostwind die Heuschrecken herbei. Und sie kamen über ganz Ägyptenland und ließen sich nieder überall in Ägypten, so viele, wie nie zuvor gewesen sind noch hinfort sein werden. Denn sie bedeckten den Boden des ganzen Landes, und das Land wurde finster. Und sie fraßen alles, was im Lande wuchs, und alle Früchte auf den Bäumen, die der Hagel übrig gelassen hatte, und ließen nichts Grünes übrig an den Bäumen und auf dem Felde in ganz Ägyptenland.

Da ließ der Pharao eilends Mose und Aaron rufen und sprach: „Ich habe mich versündigt an dem HERRN, eurem Gott, und an euch. Und nun, vergib mir meine Sünde nur noch diesmal, und bittet den HERRN, euren Gott, daß er doch diesen Tod von mir wegnehme."

Und er ging hinaus vom Pharao und betete zum HERRN.

Da wendete der HERR den Wind, sodaß er sehr stark aus Westen kam; der hob die Heuschrecken auf und warf sie ins Schilfmeer, daß nicht eine übrig blieb in ganz Ägypten.

Aber der HERR verstockte das Herz des Pharao, daß er die Israeliten nicht ziehen ließ.

Da sprach der HERR zu Mose: „Recke Deine Hand gen Himmel, daß eine solche Finsternis werde in Ägyptenland, daß man sie greifen kann."

Und Mose reckte seine Hand gen Himmel. Da ward eine so dicke Finsternis in ganz Ägyptenland drei Tage lang, daß niemand den andern sah noch weggehen konnte von dem Ort, wo er gerade war, drei Tage lang. Aber bei allen Israeliten war es licht in ihren Wohnungen.

Da rief der Pharao nach Mose und sprach: „Zieht hin und dient dem HERRN! Nur eure Schafe und Rinder sollen hierbleiben; eure Frauen und Kinder aber dürfen mit euch ziehen."

Mose sprach: „Willst Du uns denn Schlachtopfer und Brandopfer mitgeben, die wir unserm Gott, dem HERRN, darbringen? Auch unser Vieh soll mit uns gehen – nicht eine Klaue darf dahintenbleiben –; denn davon müssen wir nehmen zum Dienst unseres Gottes, des HERRN. Wir wissen nicht, womit wir dem HERRN dienen sollen, bis wir dorthin kommen."

Aber der HERR verstockte das Herz des Pharao, daß er sie nicht ziehen lassen wollte.

Und der Pharao sprach zu ihm: „Geh von mir und hüte Dich, daß Du mir nicht mehr vor die Augen kommst; denn an dem Tage, da Du mir vor die Augen kommst, sollst Du sterben."

Mose antwortete: „Wie Du gesagt hast; ich werde Dir nicht mehr vor die Augen kommen."

Und der HERR sprach zu Mose: „Eine Plage noch will ich über den Pharao und Ägypten kommen lassen. Dann wird er euch von hier wegziehen lassen, und nicht nur das, sondern er wird euch von hier sogar vertreiben. So sage nun zu dem Volk, daß ein jeder sich von seinem Nachbarn und eine jede von ihrer Nachbarin silberne und goldene Gefäße geben lasse."

Und der HERR verschaffte dem Volk Gunst bei den Ägyptern, und der Mann Mose war sehr angesehen in Ägyptenland vor den Großen des Pharao und vor dem Volk.

Und Mose sprach: „So spricht der HERR: 'Um Mitternacht will ich durch Ägypten gehen, und alle Erstgeburt in Ägyptenland soll sterben, vom ersten Sohn des Pharao an, der auf seinem Thron sitzt, bis zum ersten Sohn der Magd, die hinter ihrer Mühle hockt, und alle Erstgeburt unter dem Vieh. Und es wird ein großes Geschrei sein in ganz Ägyptenland, wie nie zuvor gewesen ist noch werden wird; aber gegen die Israeliten soll nicht einmal ein Hund mucken, weder gegen Mensch noch Vieh, auf daß ihr erkennt, daß der HERR einen Unterschied macht zwischen Ägypten und Israel. Dann werden zu mir herabkommen alle diese Deine Großen und mir zu Füßen fallen und sagen: 'Zieh aus, Du und alles Volk, das Dir nachgeht. Und daraufhin werde ich ausziehen."

Und Mose ging vom Pharao mit grimmigem Zorn.

Der HERR aber sprach zu Mose: „Der Pharao wird nicht auf euch hören, auf daß meiner Wunder noch mehr werden in Ägyptenland."

Und Mose und Aaron haben diese Wunder alle getan vor dem Pharao; aber der HERR verstockte ihm das Herz, sodaß er die Israeliten nicht ziehen ließ aus seinem Lande.

Und der HERR redete mit Mose und sprach: „Rede zu den Israeliten und sprich, daß sie umkehren und sich lagern vor Pi-Hahirot zwischen Migdol und dem Meer, vor Baal-Zefon; diesem gegenüber sollt ihr euch lagern am Meer. Der Pharao aber wird sagen von den Israeliten: 'Sie haben sich verirrt im Lande; die Wüste hat sie eingeschlossen. Und ich will sein Herz verstocken, daß er ihnen nachjage, und will meine Herrlichkeit erweisen an dem Pharao und aller seiner Macht, und die Ägypter sollen innewerden, daß ich der HERR bin."

Und sie taten so.

Als es dem König von Ägypten angesagt wurde, daß das Volk geflohen war, wurde sein Herz verwandelt und das Herz seiner Großen gegen das Volk, und sie sprachen: „Warum haben wir das getan und haben Israel ziehen lassen, sodaß sie uns nicht *mehr dienen?"*

Und er spannte seinen Wagen an und nahm sein Volk mit sich und nahm sechshundert auserlesene Wagen und was sonst an Wagen in Ägypten war mit Kämpfern auf jedem Wagen.

Und der HERR verstockte das Herz des Pharao, des Königs von Ägypten, daß er den Israeliten nachjagte.

- - -

Aber die Israeliten waren mit erhobener Hand ausgezogen. Und die Ägypter jagten ihnen nach, alle Rosse und Wagen des Pharao und seine Reiter und das ganze Heer des Pharao, und holten sie ein, als sie am Meer bei Pi-Hahirot vor Baal-Zefon lagerten.

Und als der Pharao nahe herankam, hoben die Israeliten ihre Augen auf, und siehe, die Ägypter zogen hinter ihnen her.

Und sie fürchteten sich sehr und schrien zu dem HERRN und sprachen zu Mose: „Waren nicht Gräber in Ägypten, daß Du uns wegführen mußtest, damit wir in der Wüste sterben? Warum hast Du uns das angetan, daß Du uns aus Ägypten geführt hast? Haben wir's Dir nicht schon in Ägypten gesagt: 'Laß uns in Ruhe, wir wollen den Ägyptern dienen?' Es wäre besser für uns, den Ägyptern zu dienen, als in der Wüste zu sterben."

Da sprach Mose zum Volk: „Fürchtet euch nicht, steht fest und seht zu, was für ein Heil der HERR heute an euch tun wird. Denn wie ihr die Ägypter heute seht, werdet ihr sie niemals wiedersehen. Der HERR wird für euch streiten, und ihr werdet stille sein."

Und der HERR sprach zu Mose: „Was schreist Du zu mir? Sage den Israeliten, daß sie weiterziehen. Du aber hebe Deinen Stab auf und recke Deine Hand über das Meer und teile es mitten durch, daß die Israeliten hineingehen, mitten durch das Meer auf dem Trockenen. Siehe, ich will das Herz der Ägypter verstocken, daß sie hinter ihnen herziehen, und will meine Herrlichkeit erweisen an dem Pharao und aller seiner Macht, an seinen Wagen und Reitern. Und die Ägypter sollen innewerden, daß ich der HERR bin, wenn ich meine Herrlichkeit erweise an dem Pharao und an seinen Wagen und Reitern."

Da erhob sich der Engel Gottes, der vor dem Heer Israels herzog, und stellte sich hinter sie. Und die Wolkensäule[14] vor ihnen erhob sich und trat hinter sie und kam

---

14 Die Israeliten wurden tagsüber von einer Wolkensäule und Nachts von einer Feuersäule
vor ihnen durch Gott durch die Wüste geleitet. Dies sind auch die Urbilder für die beiden
Säulen an der Seite des kabbalistischen Lebensbaumes (Feuer: Chokman, Chesed,
Netzach; Wolken: Binah, Geburah, Hod) und für die beiden Säulen Boas und Jachin an
Salomos Tempel.

zwischen das Heer der Ägypter und das Heer Israels. Und dort war die Wolke finster und hier erleuchtete sie die Nacht, und so kamen die Heere die ganze Nacht einander nicht näher. Als nun Mose seine Hand über das Meer reckte, ließ es der HERR zurückweichen durch einen starken Ostwind die ganze Nacht und machte das Meer trocken, und die Wasser teilten sich. Und die Israeliten gingen hinein mitten ins Meer auf dem Trockenen, und das Wasser war ihnen eine Mauer zur Rechten und zur Linken. [15]

Und die Ägypter folgten und zogen hinein ihnen nach, alle Rosse des Pharao, seine Wagen und Reiter, mitten ins Meer.

Als nun die Zeit der Morgenwache kam, schaute der HERR auf das Heer der Ägypter aus der Feuersäule und der Wolke und brachte einen Schrecken über ihr Heer und hemmte die Räder ihrer Wagen und machte, daß sie nur schwer vorwärtskamen.

Da sprachen die Ägypter: „Laßt uns fliehen vor Israel; der HERR streitet für sie wider Ägypten."

Aber der HERR sprach zu Mose: „Recke Deine Hand aus über das Meer, daß das Wasser wiederkomme und herfalle über die Ägypter, über ihre Wagen und Reiter."

Da reckte Mose seine Hand aus über das Meer, und das Meer kam gegen Morgen wieder in sein Bett, und die Ägypter flohen ihm entgegen. So stürzte der HERR sie mitten ins Meer. Und das Wasser kam wieder und bedeckte Wagen und Reiter, das ganze Heer des Pharao, das ihnen nachgefolgt war ins Meer, sodaß nicht einer von ihnen übrig blieb. Aber die Israeliten gingen trocken mitten durchs Meer, und das Wasser war ihnen eine Mauer zur Rechten und zur Linken.

So errettete der HERR an jenem Tage Israel aus der Ägypter Hand. Und sie sahen die Ägypter tot am Ufer des Meeres liegen. So sah Israel die mächtige Hand, mit der der HERR an den Ägyptern gehandelt hatte. Und das Volk fürchtete den HERRN, und sie glaubten ihm und seinem Knecht Mose.

Das Verfahren des Moses und des Aaron kann man am ehesten als magische Erpressung bezeichnen. Es ist aber auch ein Zauberer-Wettstreit oder ein Magier-Duell, durch das festgestellt werden sollte, welcher Gott der mächtigere ist.

Es gibt in diesem Bericht einige Ungereimtheiten:

- Warum hat der Pharao Moses und Aaron nicht einfach töten lassen?

- Warum taten die Zauberer stets dasselbe wie Moses und Aaron (oder versuchten es zumindest) und nicht stattdessen etwas, was die Ägypter geschützt oder die Israeliten geschädigt hätte?

---

15 Wenn der Ostwind das Wasser fortgeschoben hatte, mußte das Wasser anschließend im Westen sein – und konnte keine "Wasser-Schlucht" bilden.

- Warum hat Gott das Herz des Pharaos verstockt? Damit ihn dann anschließend strafen kann?

Diese Ungereimtheiten lassen sich am ehesten dadurch erklären, daß in diesem Bericht alte Magie-Themen verwendet worden sind, um Gottes Allmacht darzustellen. Zugleich ist dies aber auch ein Vergleich der Macht von Moses und Aaron mit der Macht der ägyptischen Zauberer/Priester – und somit auch ein Vergleich der Macht des israelitischen Gottes mit der Macht der ägyptischen Götter.

Es handelt sich hier also um einen Götter-Kampf und um einen Religions-Wettstreit – der, da hier Israelis berichten, auch von dem Gott der Israeliten gewonnen wird. „Der Sieger schreibt die Geschichte.", wie schon die Römer wußten …

<u>Zusammenfassung</u>

Diese Geschichte soll offensichtlich die Überlegenheit des Jahwe über die ägyptischen Götter beweisen. Wieviel von diesem Magie-Wettstreit wirklich geschehen ist, ist zumindestens fraglich. Man kann jedoch davon ausgehen, daß die Menschen damals, als diese Geschichte niedergeschrieben worden ist, die in ihr berichteten Magie-Handlungen bzw. Wunder für möglich gehalten haben, denn sonst hätte diese Geschichte schließlich niemanden überzeugen können. Sie kann also nur Beispiele enthalten, die damals plausibel geklungen haben.

Das Motiv der Teilung des Roten Meeres findet sich bereits 300 Jahre zuvor in dem Teilen des Sees in der Geschichte über die Magier des Pharaos. Die Szene des Ertränken des ägyptischen Heeres kann man eher zur Schadensmagie als zur Kampfmagie rechnen, da es ja zu keiner direkten Auseinandersetzung kam. Man kann diesen Schadenszauber eher dem Beschuß mit einer Kanone als einem Ringkampf vergleichen.

Es hat den Anschein, als ob in dieser Geschichte alte Motive aus der ägyptischen Magie übernommen worden wären.

---

c)   Elias und die Ba'al-Priester

Im Alten Testament findet sich im 1. Buch der Könige im Kapitel 18, 1-40 ein Magie-Wettstreit – man könnte auch sagen ein Priester-Kampf, der klären soll, wessen Gott der Stärkere ist: Yahwe oder Ba'al.

31

Elias lebte ungefähr von 900-850 v.Chr.

Und über eine lange Zeit kam das Wort des HERR zu Elia, im dritten Jahr, und sprach: „Gehe hin und zeige Dich Ahab, daß ich regnen lasse auf Erden." Und Elia ging hin, daß er sich Ahab zeigte. Es war aber eine große Teuerung zu Samaria.

Da nun Obadja auf dem Wege war, siehe, da begegnete ihm Elia; und er erkannte ihn, fiel auf sein Antlitz und sprach: „Bist Du nicht mein Herr Elia?"

Er sprach: „Ja! Geh hin und sage Deinem Herrn: Siehe, Elia ist da!"

Obadja aber sprach: „Was hab ich gesündigt, daß Du Deinen Knecht in die Hände Ahabs geben willst, daß er mich töte? So wahr der HERR, Dein Gott, lebt: Es gibt kein Volk noch Königreich, wohin mein Herr nicht gesandt hat, Dich zu suchen. Und wenn sie sprachen: 'Er ist nicht hier, nahm er einen Eid von dem Königreich und Volk, daß man Dich nicht gefunden hätte.' Und nun sprichst Du: 'Geh hin, sage Deinem Herrn: 'Siehe, Elia ist da!' Wenn ich nun hinginge von Dir, so könnte Dich der Geist des HERRN hinwegnehmen, und ich wüßte nicht wohin; und wenn ich dann käme und sagte es Ahab an und er fände Dich nicht, so tötete er mich. Und doch fürchtet Dein Knecht den HERRN von seiner Jugend auf. Ist's meinem Herrn Elia nicht angesagt, was ich getan habe, als Isebel die Propheten des HERRN tötete? Daß ich von den Propheten des HERRN hundert versteckte, hier fünfzig und da fünfzig, in Höhlen und versorgte sie mit Brot und Wasser? Und nun sprichst Du: 'Geh hin, sage Deinem Herrn: 'Elia ist da!' Dann wird er mich töten."[16]

Elia sprach: „So wahr der HERR Zebaoth lebt, vor dem ich stehe: Ich will mich ihm heute zeigen."

Da ging Obadja hin Ahab entgegen und sagte es ihm an. Und Ahab ging hin Elia entgegen.

Und als Ahab Elia sah, sprach Ahab zu ihm: „Bist Du es, der Israel ins Unglück stürzt?"

Er aber sprach: „Nicht ich stürze Israel ins Unglück, sondern Du und Deines Vaters Haus dadurch, daß ihr des HERRN Gebote verlassen habt, und Du den Ba'alen[17] nachgelaufen bist. Wohlan, so sende nun hin und versammle zu mir ganz Israel auf den Berg Karmel und die vierhundertfünfzig Propheten Ba'als, auch die vierhundert Propheten der Aschera, die vom Tisch Isebels essen."[18]

So sandte Ahab hin zu allen Israeliten und versammelte die Propheten auf den Berg Karmel.

---

16 König Ahab hat Elias gesucht, damit er die Dürre-Fluch über Israel wieder aufhebt.

17 Ba'ale = Ba'al-Götter

18 Aschera ist eine westmesopotamische Meeresgöttin, die auch in den umliegenden Ländern verehrt worden ist. Sie wurde als die Frau des Schöpfergottes El angesehen.

Da trat Elia zu allem Volk und sprach: „Wie lange hinkt[19] ihr auf beiden Seiten? Ist der HERR Gott, so wandelt ihm nach, ist's aber Ba'al, so wandelt ihm nach."[20]

Und das Volk antwortete ihm nichts.

Da sprach Elia zum Volk: „Ich bin allein übrig geblieben als Prophet des HERRN, aber die Propheten Ba'als sind vierhundertfünfzig Mann. So gebt uns nun zwei junge Stiere und laßt sie wählen einen Stier und ihn zerstücken und aufs Holz legen, aber kein Feuer daran legen; dann will ich den andern Stier herrichten und aufs Holz legen und auch kein Feuer daran legen. Und ruft ihr den Namen eures Gottes an, ich aber will den Namen des HERRN anrufen. Welcher Gott nun mit Feuer antworten wird, der ist Gott."

Und das ganze Volk antwortete und sprach: „Das ist recht."[21]

Und Elia sprach zu den Propheten Ba'als: „Wählt ihr einen Stier und richtet zuerst zu, denn ihr seid viele, und ruft den Namen eures Gottes an, aber legt kein Feuer daran."

Und sie nahmen den Stier, den man ihnen gab, und richteten zu und riefen den Namen Ba'als an vom Morgen bis zum Mittag und sprachen: „Ba'al, erhöre uns!"

Aber es war da keine Stimme noch Antwort. Und sie hinkten um den Altar, den sie gemacht hatten.

Als es nun Mittag wurde, verspottete sie Elia und sprach: „Ruft laut! Denn er ist ja ein Gott; er ist in Gedanken oder hat zu schaffen oder ist über Land oder schläft vielleicht, daß er aufwache."

Und sie riefen laut und ritzten sich mit Messern und Spießen nach ihrer Weise, bis ihr Blut herabfloß. Als aber der Mittag vergangen war, waren sie in Verzückung bis um die Zeit, zu der man das Speiseopfer darbringt; aber da war keine Stimme noch Antwort noch einer, der aufmerkte.[22]

---

19 Mit "hinken" ist "unschlüssig zwischen beiden Göttern hin- und herschwanken" gemeint.

20 Das Stier-Opfer oder Stier-Brandopfer ist damals ein allgemeines Kult-Element ge-wesen.

21 Es ist in vielen Kulturen üblich gewesen, einen religiösen Streit durch einen Magier-Wett-kampf zu entscheiden. Derjenige, der den Magie-Wettkampf gewann, hatte offenbar recht und diente dem stärkeren Gott. Eine spätere formalisierte Variante dieses Magier-Wett-streits ist das Gottesurteil, das ein Zweikampf, ein Feuerlauf, das Tauchen der Hände in siedendes Öl und noch einiges andere sein konnte.

22 Es ist schon auffällig, wie sicher sich Elias seiner Verbindung zu Gott ist – offen-sichtlich ist Elias „vollkommen einsgerichtet auf Jahwe". Das würde erklären, daß er derartige Wunder, also Formen von sehr fortgeschrittener Magie, vollbringen konnte. Elias selber hätte das sicherlich nicht als „Magie" bezeichnet, sondern eher als „Theurgie", also als das „Werk Gottes". Der Begriff „Magie" ist aber auch berechtigt, da nicht jeder zu einer sol-chen Einsgerichtetheit und zu solch einem Gottesvertrauen in der Lage ist, daß er derartige Wunder hervorrufen kann – das sind in der Bibel hauptsächlich Moses, Elias, Elisa und Jesus. Wenn man sich den Spott des Elias gegenüber den Ba'al-Priestern anschaut, hat man als Astrologe den Eindruck, daß Elias einen Skorpion-Aszendenten haben müßte. Das

Da sprach Elia zu allem Volk: „Kommt her zu mir!"

Und als alles Volk zu ihm trat, baute er den Altar des HERRN wieder auf, der zerbrochen war. Und Elia nahm zwölf Steine nach der Zahl der Stämme der Söhne Jakobs – zu dem das Wort des HERRN ergangen war: „Du sollst Israel heißen" – und baute von den Steinen einen Altar im Namen des HERRN und machte um den Altar her einen Graben, so breit wie für zwei Maß Aussaat, und richtete das Holz zu und zerstückte den Stier und legte ihn aufs Holz.

Und Elia sprach: „Holt vier Eimer voll Wasser und gießt es auf das Brandopfer und aufs Holz!"

Und er sprach: „Tut's noch einmal!"

Und sie taten's noch einmal.

Und er sprach: „Tut's zum dritten Mal!"

Und sie taten's zum dritten Mal. Und das Wasser lief um den Altar her, und der Graben wurde auch voll Wasser.

Und als es Zeit war, das Speiseopfer zu opfern, trat der Prophet Elia herzu und sprach: „HERR, Gott Abrahams, Isaaks und Israels, laß heute kundwerden, daß Du Gott in Israel bist und ich Dein Knecht und daß ich all das nach Deinem Wort getan habe! Erhöre mich, HERR, erhöre mich, daß dies Volk erkenne, daß Du, HERR, Gott bist und ihr Herz wieder zu Dir kehrst!"

Da fiel das Feuer des HERRN herab und fraß Brandopfer, Holz, Steine und Erde und leckte das Wasser auf im Graben.[23]

Als das alles Volk sah, fielen sie auf ihr Angesicht und sprachen: „Der HERR ist Gott, der HERR ist Gott!"

Elia aber sprach zu ihnen: „Greift die Propheten Ba'als, daß keiner von ihnen entrinne!"

Und sie ergriffen sie. Und Elia führte sie hinab an den Bach Kischon und schlachtete sie daselbst.[24]

---

würde auch gut zu der Fähigkeit der Einsgerichtetheit passen und ebenso zu der Neigung, alles auf eine Karte zu setzen – was Elias bei diesem Zauberer-Wettstreit ja tut.

23 Es sind verschiedene Arten von Feuerzauber von verschiedenen Völkern bekannt: der Feuerlauf (Indogermanen, Hawaii u.a.), Feuerlöschzauber (Germanen), das Trinken von glühendem Erz (indische Mahasiddhis), das Lenken von Feuer mithilfe von Magie (Kelten: der Druide Mogh Ruith), das Gottesurteil durch das Tauchen der Hände in siedendes Öl (Germanen), das Rufen von Feuer (Elias) usw. Speziell das Rufen von Feuer scheint nur von Elias und Elisa bekannt zu sein.

24 Offenbar wird hier das Gebot „Du sollst nicht töten." nicht sonderlich ernst genom-men – zumindestens wird es nicht auf Ungläubige angewendet.

Auch diese Geschichte ist eigentlich ein Magie-Wettkampf – allerdings mit dem eignen Leben als Einsatz. Dieser Magie-Wettkampf ist genau genommen keine Kampfmagie, obwohl es sich um einen Kampf mithilfe von Magie handelt – es ist ein Wettstreit.

<u>Zusammenfassung</u>

Hier findet sich wieder ein indirekter Magie-Wettstreit und kein direkter Magie-Kampf. Dies liegt u.a. daran, daß es nicht um den Beweis der Macht eines Magiers, sondern um den Beweis der Macht eines Gottes geht, der durch seinen Magier-Priester handelt.

Die deutliche Zunahme der Individualität begann erst 300 später um 600 v.Chr., als die Mysterien von Mithras, Eleusis, Samothrake usw. sowie die Meditations-lehren des Pythagoras, Zalmoxis, Buddha, Lao-tse, Jaina, Zarathustra usw. gegrün-det wurden.

Ein Magie-Kampf hätte vor 600 v.Chr. nur als Selbstverteidigung oder als Angriff auf einen Feind einen Sinn gehabt und wäre daher wahrscheinlich nicht des Auf-schreibens für würdig befunden worden – schließlich ging es damals noch um einen Streit zwischen Göttern.

---

d)   Milarepa und Naro Bönchog

Der tibetische „Nationalheilige" Milarepa hat von 1040-1123 n.Chr. gelebt und war einer der Gründer des tibetischen Buddhismus. Vor der Ankunft des Buddhismus in Tibet ab ca. 800n.Chr. durch Padmasambhava gab es in Tibet den Bön-Schamanismus als Hauptreligion. Die Techniken dieses Schamanismus wurden in den Buddhismus integriert und bildeten dann den tibetischen Buddhismus, der eine ausgeprägte scha-manische Seite hat.

Die Begegnung des Buddhismus mit dem Bön-Schamanismus verlief manchmal recht turbulent, wie die folgende Geschichte zeigt.

Marpa hatte seinem Schüler Milarepa verschiedene Aufgaben für die Zukunft gestellt und ihm einige Ereignisse seines späteren Lebens geweisagt. Die Reise zum Berg Tise – dem berühmten Kailash – ist eines davon, und sogar ein wichtiges, denn der Gipfel des Kailash ist der Vajra-Garten von Chakrasamvara, ein Ort großer spi-ritueller Kraft.

Nachdem eine Dakini[25] ihn an Marpas Weisung erinnert und ihm prophezeit hatte, daß er bald einige wichtige Schüler treffen würde, derer er sich annehmen müßte, wanderte der Jetsün[26] über Lowo, Pushän Chitang und die Dörfer unterhalb vom Berg Ditse zum Kailash. Auf dem Weg kamen neue Schüler hinzu, sodaß sich eine richtige Gruppe bildete.

Als die Gruppe zu den Ufern des Sees Mäpham gelangte, vertrat ihnen der Schamanen-Priester Naro Bönchog den Weg und frug sie aus. Er stellte sich unwissend, obwohl ihm genau bekannt war, wer vor ihm stand. Das Zusammentreffen mit Milarepa geschah auch keinesfalls zufällig, sondern war eine gezielte Provokation. Naro Bönchog hatte nur eines im Sinn: Er wollte Milarepa den Zugang zum Berg Tise verweigern und sicherstellen, daß das Gebiet weiterhin ausschließlich unter dem Einfluß der Bön-Schamanen blieb.

Deshalb wies er Milarepa gleich schroff zurecht, nachdem dieser sich ihm vorgestellt hatte. „Wer im Gebiet des Kailash meditieren oder andere religiöse Übungen machen will, muß sich zum Bön-Glauben bekennen," tönte es dem Jetsün kalt ins Gesicht. Und geringschätzend kanzelte Naro Bönchog ihn ab: „Milarepa ist wie der See Mäpham – ihm eilt großer Ruhm voraus, doch von Nahem besehen ist er eher kümmerlich."

Danach sprach Naro Bönchog seine Herausforderung aus: Entweder Milarepa erklärt sich zu einem wettkampfartigen Vergleich ihrer magischen Kräfte bereit oder er macht kehrt und verschwindet. Der Preis für den Gewinner des Wettstreits aber sollte die Herrschaft über die gesamte Kailash-Region sein.[27]

Naro Bönchog vollbrachte auch gleich das erste Wunder, begleitet von einem Spottlied über den armseligen Yogi, der nicht einmal seine Nacktheit richtig bedeckt und nichts kann außer süßliche Lieder zu singen.[28] Als Naro Bönchog geendet hatte, war der See Mäpham plötzlich über seine Ufer getreten und hatte sich nach allen Richtungen hin weit ausgestreckt.

Milarepa antwortete ihm ebenfalls mit einem Lied.[29] Dabei saß er schwebend über

---

25 Dakini: Frau, die in der Funktion eines Engels erscheint und dem Suchenden den Weg weist

26 Jetsün: Ehrenwerter, Verehrter; Titel für hochstehende buddhistische Lehrer, auch für Könige

27 Naro Bönchog muß ein sehr hoch stehender Bön-Schamane sein und zugleich auch noch so etwas wie ein Graf, da er ansonsten nicht die Herrschaft über die Kailash-Ggend als Preis für den Gewinner hätten festlegen können.

28 Milarepa zog zeitweise ganz nackt umher und war für die vielen buddhistischen Lieder bekannt, die er komponiert und gesungen hat.

29 Die Priester-Magier waren in früherer Zeit – vor allem vor der Erfindung und allgemeinen Benutzung der Schrift – gleichzeitig auch die Dichter, die vor allem die mythologischen und historischen Lieder auswendig lernten und vortrugen und eben bei Gelegenheit auch

dem See. Das eigentliche Wunder war jedoch, daß sich sein Körper über die gesamte Oberfläche des Sees zu erstrecken schien, ohne daß der See kleiner oder Milarepa größer wurde. Aus dieser Position der Transzendierung begriffsbedingter Grenzen forderte er die Herrschaft über das ganze Gebiet um den Kailash zum Nutzen der Wesen für sich und alle, die seinem Beispiel folgen.

Zur Bekräftigung seines Anspruchs wirkte er ein weiteres Wunder: Er hob den ganzen See auf seiner Fingerspitze in die Höhe, ohne die Wesen darin zu verletzen. Damit war das erste Kräftemessen zu Milarepas Gunsten entschieden.

Naro Bönchog versuchte es mit einer neuen Herausforderung. Man umwandelte den Kailash – Naro Bönchog gemäß seiner Tradition gegen den Uhrzeigersinn; Milarepa und seine Schüler im Uhrzeigersinn.[30]

Sie trafen sich auf einem großen Felsen im Nordosten des Kailash.[31] Naro Bönchog packte Milarepa am Arm und versuchte, ihn in seine Richtung zu ziehen. Er konnte ihn jedoch nicht von der Stelle bewegen.[32] Daraufhin nahm der Jetsün[33] den Bön-Priester bei der Hand und zog ihn in Richtung des Uhrzeigersinns mit sich fort.[34] So sehr sich Naro Bönchog auch dagegen sträubte – Milarepa war stärker und hatte damit auch den zweiten Wettkampf für sich entschieden.

Obwohl der Jetsün im Anschluß an diesen Sieg die Überlegenheit der buddhistischen Lehre proklamierte und alle weiteren Auseinandersetzungen für überflüssig erklärte, wollte sich Naro Bönchog nicht geschlagen geben. Man maß also erneut seine Kräfte.

Milarepa saß meditierend in einer Höhle am Westhang des Tales, Naro Bönchog in einer Höhle auf der Ostseite. Nach einer Weile streckte Milarepa sein Bein. Es wurde lang und immer länger bis es an den Eingang von Naro Bönchogs Höhle heranreichte. Wie mußten die Götter und Geister im Himmel und auf Erden lachen, als Naro Bönchogs Versuch, es ihm gleichzutun, kläglich fehlschlug. Der Fuß des Schamanen reichte nicht einmal bis zu dem Bach in der Talmitte.[35]

Gedemütigt, aber trotzdem entschlossen, den Kampf fortzusetzen, umwandelte Naro

---

selber Lieder dichteten.

30 Von dem See Mäpham aus ist diese Umrundung des Kailash ca. 80km lang.

31 Da der See Mäpham (Mansorovar) im Süden des Kailashs liegt, hat Milarepa an dieser Stelle 5/8 seines Weges und Naro Bönchog nur 3/8 seines Weges zurückgelegt.

32 Das ist eine bekannte Fähigkeit aus der Kampfkunst. Auch Kinder machen manchmal ein ähnliches Spiel, daß „sich schwer machen" genannt wird. Dann können sie fast nicht mehr hochgehoben werden.

33 Jetsün: Titel des Milarepa

34 Diese Fähigkeit wird später in diesem Buch unter dem Namen „Shaolin-Versuch" genauer erläutert.

35 Milarepas Bein war der Beschreibung zufolge ca. 6km lang; das Bein des Naro Bönchog jedoch höchstens 1km.

Bönchog den Berg abermals gegen den Uhrzeigersinn. Milarepa und seine Schüler hingegen wanderten abermals im Uhrzeigersinn.[36] Man traf sich diesmal auf der Südseite des Kailash.[37] Da begann es zu regnen. Milarepa schlug vor, aus großen Felsbrocken einen Unterschlupf zu bauen. Der Jetsün überließ Naro Bönchog die Wahl, welchen Teil der Felshütte er beisteuern wollte. Dieser entschied sich für das Dach, wohingegen Milarepa das Fundament legen und die Mauern errichten sollte.[38]

Naro Bönchog spaltete einen riesigen Felsblock, sodaß er eine Dachplatte aus einem Stück erhielt. Diese gedachte er auf die von Milarepa errichteten Mauern zu setzen. Kaum hatte der Jetsün das Vorhaben erkannt, bewirkte er mit einem besonderen Mudra[39] des Besiegens, daß Naro Bönchogs Dachplatte mitten durchbrach.

Der Bön-Priester war wütend und frustriert. Er bereitete eine neue Dachplatte vor, konnte diese dann aber nicht mehr hochheben, weil Milarepa mit seinen Händen eine Mudra des Niederdrückens bildete. Naro Bönchog hob mit aller Kraft. Er kam ins Schwitzen, fing an zu zittern und die Augen traten ihm vor Anstrengung aus dem Kopf. Es ging nicht. Er konnte den Felsblock nicht heben, obwohl er kurz zuvor einen gleich schweren Stein mühelos über den Kopf gewuchtet hatte.

Milarepa erklärte ihm, warum. Der Grund war: Naro Bönchog besaß nur die gewöhnlichen Wunderkräfte und konnte sich deshalb nicht mit einem Yogi messen, der sowohl die gewöhnliche als auch die höchste Vollendung erlangt hatte.[40]

Danach hob Milarepa den Fels mit einer einzigen Hand in die Höhe, nahm ihn auf die Schultern und setzte ihn sich auf den Kopf, wobei er viele Abdrücke seiner Hände und seines Kopfes in dem Stein zurückließ. Wiederum mußte der Bön-Schamane seine Niederlage eingestehen.

Trotzdem forderte er Milarepa zu einem letzten Kräftevergleich heraus: Sie sollten am Vollmondtag zum Gipfel des Kailash fliegen. Wer ihn zuerst erreicht, sei der endgültige Sieger ihres Wettstreits und dürfe den Preis fordern, auf den man sich zu Beginn geeinigt hatte: die Oberherrschaft über das gesamte Kailash-Gebiet.[41]

---

36 Die einfache Umrundung des Kailash, also nicht von dem See aus, ist ca. 20km lang.

37 Die Südseite des Kailash liegt an dem Flußtal, in dem auch der See Mäpham liegt.

38 Dieser Wettkampf klingt ein wenig seltsam und nicht so recht glaubwürdig – warum sollten zwei Zauberer ein Hütte bauen, nur weil es regnete? Oder hat Milarepa den Regen nur als Vorwand benutzt, um seine Überlegenheit zu demonstrieren?

39 Mudra: Handhaltung, Meditations-Geste

40 Auf dem kabbalistischen Lebensbaum entspricht die „gewöhnliche Magie" Yesod und die „außergewöhnliche Magie" Da'ath.

41 Man sollte eigentlich denken, daß derjenige der Sieger ist, der die meisten Wettkämpfe gewonnnen hat, aber bei diesen Magie-Wettstreiten geht es darum, den Sieger derart drastisch gewinnen zu lassen, daß seine Überlegenheit völlig außer Zweifel steht. Dies läßt sich auch bei Moses und den Zauberern des Pharaos sowie bei Elias und den Ba'al-Priestern wiederfinden.

Milarepa nahm diese Herausforderung so gelassen an wie alle vorangegangenen und traf weder besondere Vorbereitungen noch änderte er seinen Lebenswandel. Naro Bönchog hingegen führte zahlreiche Rituale durch und betete inbrünstig zu seiner Gottheit, um ihre Gunst und Kraft für sich zu gewinnen.

Am frühen Morgen des Vollmondtags rüstete er sich noch vor Sonnenaufgang weihevoll und in seinem prächtigen Ornat für die große Aufgabe. Zur Musik seines Instruments flog er, auf seiner Trommel reitend, zum Gipfel des Kailash, und nichts schien ihn mehr aufhalten zu können.[42]

Milarepa schlief noch friedlich wie ein Kind, als Naro Bönchog bereits zur halben Gipfelhöhe aufgestiegen war.[43] Die Schüler rüttelten den Jetsün aufgeregt wach und machten ihn auf die Gefahr von Naro Bönchogs Sieg aufmerksam, doch Milarepa war nicht sehr beunruhigt. Naro Bönchog hatte den Gipfel noch nicht erreicht – das genügte. Der Jetsün erhob sich und bannte den Bön-Priester mit einer Machtgeste seiner Hand, daß dieser den Kailash nur noch auf gleicher Höhe umkreisen, aber nicht weiter aufsteigen konnte.

Bei Sonnenaufgang schnippte Milarepa mit den Fingern, faßte seinen Umhang mit beiden Händen und stieg in Sekundenschnelle zum Kailash auf. Die Sonne tauchte den Gipfel in strahlendes Licht, als er ihn erreichte, und der Jetsün erschaute in leuchtender Herrlichkeit die Lamas und Yidams seiner Übertragungslinie.[44] Freudestrahlend über diesen Sieg trat Chakrasamvara[45] mit seinem Gefolge vor Milarepa.

Auch Naro Bönchog konnte auf seiner Trommel nun wieder höher aufsteigen. Er hatte gerade das letzte Stück Steilwand unterhalb des Gipfels erreicht, als er nach oben blickte. Was er sah, kam der Vernichtung gleich: Milarepa thronte gelassen und unendliches Mitgefühl verströmend auf dem Kailash – ein Anblick, der Naro Bönchog bis ins Mark erschütterte. Vor Schreck fiel er von seiner Trommel und stürzte in die Tiefe. Die Trommel aber polterte an der Felswand hinab.

---

42 Die Trommel des Schamanen entspricht dem Besen der Hexen. Der Hexenbesen geht auf den Seherinnenstab zurück, der den Weltenbaum symbolisiert, der das Diesseits und das Jenseits verbindet und den entlang die Seherinnen in ihren Visionen zu den Göttern im Himmel aufsteigen. Auf die Trommel der Schamanen ist eine Landkarte des Jenseits aufgemalt, d.h. sie hat dieselbe Symbolik wie der Stab der Seherinnen und ganz allgemein die Szepter und Zauberstäbe. Naro Böncho trommelt auf seinem Instrument, um in Trance/ Ekstase zu gelangen.

43 Da der Kailash ca. 6700m hoch ist und der See Mäpham auf einer Höhe von ca. 4600m liegt, ist Naro Bönchog bereits die Hälfte der ca. 2100m Höhenunterschied, d.h. ungefähr 1050m hoch aufgestiegen.

44 Diese Szene entspricht genau der Szene auf dem „Hohen Berg", auf dem Jesus zusammen mit einen Jüngern Petrus, Jakobus und Johannes die beiden wichtigsten Vertreter seiner Übertragungslinie, also Moses und Elias, gesehen hat.

45 Chakrasamvara: eine buddhistische Gottheit

Danach gab sich der Bön-Schamane endgültig besiegt.[46]

Zusammenfassung

In diesem Magie-Wettstreit, der wieder die Richtigkeit einer Religion beweisen soll, findet sich eine erste „richtige" Form der Kampfmagie: Milarepa ergreift den Arm des Naro Bönchog und zieht ihn hinter sich her, wogegen sich Naro Bönchog nicht wehren kann.

---

e) Cú Chulainn

Cú Chulainn ist der Held des irischen National-Epos „Der Rinderraub von Cuailgne". Er entspricht in etwa Siegfried im Nibelungenlied oder Rama im Rama-yana.

Der Junge war schon mit sieben Jahren ein großer Krieger und erhielt seinen Namen Cú Chulainn dadurch, daß er mühelos den furchterregenden Hund des Culann tötet. Cú Chulainn bedeutet „Hund des Culann".

Cú Chulainn beschloß, die Kriegskunst bei der Kriegerprinzessin und Unterwelts-göttin Scáthach zu erlernen. Nachdem er die Aufnahmeprüfungen bestanden hatte, die aus einer Reise mit scheinbar unüberwindlichen Hindernissen bestand, nahm die Göttin ihn als Schüler an – was nur wenigen je gelungen war. Sie lehrte ihn viele Kampftechniken, die nur sie kannte und beherrschte. Bei ihr erlernte er auch die „Berserker"-Kampfeswut, durch die sich seine Kräfte vervielfachten. Diese Kampfkunst war bei den Männern von Ulster gut bekannt. Während der Ausbildung war Scáthachs Tochter Uatach seine Geliebte.

Gegen Ende seiner Ausbildung forderte Scáthachs Schwester Aiofe Scáthach zum Kampf heraus. Da sich Scáthach ihrer Schwester unterlegen fühlte, nahm Cú Chulainn den Kampf an und besiegte sie durch eine List. Cú Chulainn nahm ihr das Versprechen ab, daß sie seine Lehrerin nie wieder angreifen würde. Nach dem Kampf wurde sie seine Geliebte. Sie hatten einen gemeinsamen Sohn, dem Cú Chulainn einen Ring schenkte.

Als er einmal in Ulster bei einem Kampf in die Kampfeswut geriet und nicht wieder

---

46 Die Buddhisten sind friedlicher als die Juden: Milarepa tötet seinen Gegner nicht – im Gegensatz zu Elias.

aus ihr zurückkehren konnte und sich dem Königssitz von Ulster näherte, befahl Conchobar allen schönen Frauen der Stadt, sich nackt vor das Stadttor zu stellen. Das lenkte Cú Chulainn soweit ab, daß man ihn in ein Faß mit eisigem Wasser stecken konnte. Nachdem das Wasser in zwei Fässern sofort verdampfte, brachte ihn das dritte schließlich wieder zur Ruhe.

- - -

Dann geschah eine große Verwandlung mit Cú Chulainn, als er sich in die Kampfeswut versetzte, sodaß er schrecklich, vielgestaltig und nicht wiedererkennbar anzusehen war. Das ganze Fleisch seines Körpers zitterte wie ein Baum im Wind oder wie Binsen in einem Fluß – jedes Glied und jedes Gelenk, jedes Ende seines Körpers und jeder Teil von ihm vom Kopf bis zum Fuß.

Die Fackeln der Kriegsgöttin, bösartige Regenwolken und Funken von loderndem Feuer konnte man in der Luft über seinem Kopf sehen. Sein Haar stand gerade ab wie die Stacheln des Rotdorns. Wenn man einen edlen Apfelbaum, der schwer von Früchten ist, über seinem Kopf geschüttelt hätte, wäre kaum ein Apfel zu Boden gefallen, sondern die meisten auf seinen Haaren aufgespießt worden.

Das Heldenlicht strahlte von seiner Stirn aus, so lang und dick wie die Faust eines Helden. So hoch, so kräftig und so stark wie der Mastbaum eines großen Schiffes war der Strom von dunklem Blut, der von seinem Scheitel emporstieg und sich in einem dunklen magischen Nebel auflöste.

Cú Chulainn griff in seiner Kampfeswut das feindliche Heer an und viele Krieger fielen vor seinem Ansturm. An den nächsten Tagen gab es viele Einzelkämpfe zwischen Cú Chulainn und den Kriegern des feindlichen Heeres, bei denen er jedesmal siegte.

Diese Beschreibung der Kampfeswut des C'Chulainn enthält mehrere Elemente, die auch aus dem Yoga, aus den verschiedenen Ekstasetechniken sowie aus der Traumatherapie bekannt sind:

1. Das heftige Zittern des Körpers ist auch von verschiedenen Ekstasetechniken und von Traumauflösungen bekannt.

2. Das Leuchten der Stirn entspricht der hellsichtigen Wahrnehmung des Dritten Auges im Yoga. Es war bei Cú Chulainn so intensiv, das es auch von ungeübten Menschen wahrgenommen wurde. Aus diesem Phänomen entstand u.a. bei den Christen, den Hindhus und den Buddhisten das Motiv des Heiligenscheines.

3. Der „Blutstrom", der aus dem Scheitel aufsteigt, ist im Yoga als vom Scheitelchakra aus aufsteigende Lebenskraft nach dem Erwecken des Kundalinifeuers gut bekannt. Diese Lebenskraft steigt in der Körpermitte wie der Strahl eines Springbrunnens empor, entfaltet sich dann oben über dem Kopf zu einer Fontäne und fließt dann um den Körper herum wieder zum untersten Chakra hinab, um dann erneut aufzusteigen. Dieses Fließen wird als eine große Hitze erlebt, die auch eins der markantesten Merkmale der Kampfekstase ist. Das „Einhüllen" durch den „Blutstrom" entspricht in der Beschreibung des Cú Chulainn dem Niederfließen der Lebenskraft außen um den Körper herum. Der Nebel über dem Kopf entspricht der Fontaine.

Zusammenfassung

In dieser Geschichte finden sich mehrere Elemente der Kampf-Magie: die Vervielfältigung der Kraft, die Berserker-Raserei, das Zittern zu Beginn der Ekstase und die aufsteigende Hitze der erwachenden Kundalini.

---

f) Berserker und Ulfhedin

Die Berserker („Bärenfell-Männer") und die Ulfhedin („Wolfshaut-Männer") waren die germanischen Ekstase-Krieger. „Berserker" ist mittlerweile zu einem allgemeinen Begriff für „Mann mit übergroßen, ungezügelten Kräften" geworden.

Über die Kampf-Ekstase der Berserker und der Ulfhedin wird in vielen alten Texten berichtet.

In der „Saga über Asmund Recken-Töter" heißt es:

Hildibrand Hunnen-Kappe hatte die Kräfte eines Berserkers und ihn überkam die Berserker-Wut. ... Hildibrand Hunnen-Kappe rückte gegen König Alfs Heer vor und es war übel, ihm im Weg zu stehen. Er schlug nach beiden Seiten hin aus und griff (wie ein Wolf) *heulend des Königs Standarten-Träger an.*

Eine Textstelle im „Landnahme-Buch" zeigt, daß die Berserker auch Priester sein konnten:

Thorir hatte das Priesteramt inne und wohnte in Unterberg und hatte manchmal die Berserker-Wut.

In der „Saga über Fridthjof den Kühnen" heißt es:

Zusammen mit Atle waren sie zehn üble und umtriebige Manner, die oft in die Berserker-Wut gerieten.

In der „Saga über Asmund Recken-Töter" heißt es:

Als Hildibrand hörte, das seine Recken getötet worden waren, kam die Berserker-Wut über ihn.

In der „Egil-Saga" wird das Folgende berichtet, wobei „Gestaltwandler" eine Umschreibung für „Berserker" oder „Ulfhedin" war, da diese durch das Anlegen des Fells des Bären bzw. Wolfes ihre Gestalt wandelten:

Es wird erzählt, das Kvedulf und auch einige seiner Gefährten da einen Gestaltwandler-Anfall hatten.

In der „Egil-Saga" heißt es weiterhin:

Ljot war ein Mann von großer Statur und Stärke. Als er auf den Zweikampfplatz vortrat, packte ihn ein Berserkerwut-Anfall und er begann schrecklich zu heulen und biß in seinen Schild.

In der „Saga über Hervor und König Heidrek den Weisen" wird das Folgende erzählt:

Als die Brüder heimkamen, bereiteten sie sich fur den Kampfplatz vor und ihr Vater begleitete sie zum Schiff und gab das Schwert Tyrfing dem Angantyr.
„Mir scheint, " sagte er, „das dort gute Waffen gebraucht werden. "
Er wünschte ihnen Lebewohl. Danach fuhren sie von dannen.
Als die Brüder nach Samsey kamen, sahen sie zwei Schiffe in der Bucht, die Munway genannt wird. Die Schiffe waren von der Art, die 'Eschen' genannt werden. Sie nahmen an, das diese Schiffe dem Hjalmar und dem Odd gehören mußten. Da zogen Arngrims Sohne ihre Schwerter und bissen in ihre Schild-Ränder – da überkam sie der Berserker-Zustand. Da rannten je sechs von ihnen auf die beiden Eschen. An Bord von ihnen ihnen waren so gute Krieger, das sie alle nach ihren Waffen griffen und niemand von seinem Posten floh und niemand einen Laut der Angst von sich gab. Die Berserker jedoch erstiegen das Schiff auf der einen Seite und rannten bis zu der anderen und töteten alle. Dann kehrten sie an Land zurück und brüllten.
Hjalmar und Odd waren auf die Insel gegangen, um zu sehen, ob die Berserker schon gekommen waren. Und als sie aus dem Wald heraus traten und zu ihren Schiffen gingen, kamen die Berserker mit blutigen Waffen von den Schiffen herab und

43

der Berserker-Zustand verließ sie wieder. Da wurden sie schwächer als sonst – wie nach einer Art von Krankheit.

Der römische Geschichtschreiber Tacitus berichtet:

Sie haben auch die Überlieferung, das Herkules (Thor) in ihrem Land gewesen sei und sie preisen ihn mehr als alle anderen Helden in ihren Liedern, wenn sie in die Schlacht ziehen.

Bei ihnen findet man jene Art von Liedern, durch deren Gesang, den sie 'Bardit' nennen, sie in sich den Kampfgeist erwecken und durch den sie sogar den Verlauf der bevorstehenden Schlacht erahnen können – entsprechend dem verschiedenen Klang dieses Lärmens des Heeres drangen sie kühn vor oder wichen ängstlich zurück.

Das, was sie dabei äußern, ist auch nicht so sehr Gesang als vielmehr die Stimme und der Ausdruck des Kampfmutes. Sie streben vor allem einen starken und klingenden Ton an, der aus einem unterbrochenen und ungleichmäßigen Brummen heraus entsteht, bei dem sie sich ihre Schilde vor den Mund halten, damit die Stimme durch den Widerhall an ihnen noch kräftiger anschwillt.

Weiterhin ist in der „Egil-Saga" die folgende Textstelle zu finden:

Sie fuhren los und kamen schon bald zu der Insel. Dort gab es eine schöne Ebene in der Nähe des Meeres, der der Ort des Zweikampfes sein sollte. Der Boden wurden mit Steinen, die in einem Kreis lagen, markiert. Dorthin kamen auch Ljot und seine Männer.

Da machte er sich für den Kampf bereit. Er hatte einen Schild und ein Schwert. Ljot war ein großer und starker Mann. Und als er über das Feld zu dem Zweikampf-Ort herbeikam, wurde er von einem Berserker-Anfall ergriffen: Er begann abscheulich zu brüllen und bis in seinen Schild.

In der „Saga über die Siedler von Eyre" heißt es:

Bei dem Jarl waren zwei Brüder von schwedischer Abstammung, von denen der eine Halli und der andere Leikner genannt wurde. Sie waren große Männer – sowohl an Statur als auch an Stärke und zu ihrer Zeit konnte man nicht ihresgleichen in Norwegen oder sonst irgendwo finden.

Sie konnten die Berserker-Wut hervorrufen und sie waren nicht wie Menschen, wenn sie in Rage gerieten, sondern wie wahnsinnige Hunde, und sie fürchteten dann weder Feuer noch Stahl. Doch ihr alltägliches Benehmen war nicht unangenehm, solange niemand etwas tat, was sie ärgerte, aber wenn irgendjemand sie provozierte, waren sie die kampfeswütigsten aller Männer.

...

Als Halli das hörte, geriet er in Wolfs-Stimmung und war übel gelaunt.

In dem Lied „Hrafnsmal" („Rabenlied") wird wieder über das Brüllen der Berserker berichtet, durch das sie sich in die Kampf-Ekstase versetzten:

Helme trugen sie
und helle Schilde,
westländische Wurfspieße
und welsche Schwerter.
Die Berseker brüllten,
sie brannten auf Kampf,
sie schrien, die Wolfspelze (Berserker),
und schüttelten das Eisen (die Waffen).

Die Berserker-Wut konnte auch unerwartet auftreten, wie in der „Saga über Pfeile-Odd" erzählt wird:

Als die zwölf Brüder losgingen, überkam sie der Berserker-Zustand und sie begannen zu schreien. Auch Angantyr überfiel der Berserker-Zustand – und das war noch nie zuvor geschehen.

In der „Magnusdrapa" („Loblied über Magnus") wird über die Entstehung der Kampf-Ekstase während einer Schlacht berichtet.

Der unfaule Herrscher stürmte
mit seiner breiten Axt voran
und warf seine Brünne[47] fort; ein Schwert-Lärm
erhob sich rings um den Herrscher der Hordar
als der Fürst den Stiel mit beiden Händen fest umgriff
und der gestaltende Wächter des Himmels[48]
ihm die Erde zuwies[49].
Hel[50] spaltete bleiche Schädel.

In „Die jüngere Version der Huldar-Saga" wird die übergroße Kraft der Berserker betont:

Über die Leute des Holgi kam der Berserker-Gang, sodaß sie Steine schleudern

---

47 Brünne = Brustpanzer
48 Wächter des Himmels = Heimdall
49 ihm die Erde zuweisen = ihn zum Kömig machen
50 Hel = Totengöttin

45

konnten, die hinterher keiner von ihnen mehr zu heben vermochte. Nach schweren beiderseitigen Verlusten mußte Frodi mit seinen Dänen fliehen. Man sieht aber noch die zahlreichen Grabhügel der Gefallenen in Halogaland und Huld verhängte über diese Landschaft, das in ihr fortan mehr Berserker gefunden werden sollten als anderwärts, was auch eintraf.

In der „Gesta danorum" („Geschichte der Dänen") wird die Feuerfestigkeit der Berserker aus der Sicht eines christlichen Mönches beschrieben:

Siwald hatte sieben Söhne, die so geschickte Zauberer waren, das sie häufig, wenn sie eine plötzliche Wut überkam, wild brüllten und in ihren Schild bissen, glühende Kohlen verschlangen und durch ein jegliches Feuer laufen konnten, das aufgeschichtet worden war; und ihre wilde Leidenschaft konnte nur durch harte Ketten gebremst oder durch das Töten von Menschen befriedigt werden. Während einer solchen Wut waren sie in einer blutrünstigen Verfassung und wurden wohl von der Wut der Dämonen besessen.

In der „Gesta danorum" des Mönches Saxo heißt es weiterhin:

Als Hardbeen dies hörte, wurde er plötzlich von einer dämonischen Wut-Ekstase ergriffen: Er bis in seinen Schild und zerstörte ihn; er schluckte immer weiter glühende Kohlen; er warf sich glühende Holzstucke in den Mund und schluckte sie in seine Eingeweide hinab; er stürmte durch die Gefahr prasselnder Feuer; und schließlich, nachdem er durch alle Arten von Wahnsinn gegangen war, wandte er mit wütender Hand sein Schwert gegen die Herzen von sechs seiner Krieger. Es ist ungewiß, ob dieser Wahnsinn aus seinem Kampfesdurst oder aus natürlicher Gewalttätigkeit heraus entstanden ist.

In der „Saga über Kampf-Glum" wird über einen speziellen Beginn der Kampf-Ekstase berichtet:

Glum ging heim. Da überkam ihn ein Lachanfall, der ihn so sehr schüttelte, daß er ganz blaß wurde und Tränen aus einen Augen flossen – so groß wie Hagelkörner. Dies geschah ihm später noch oft, wenn ihn das Verlangen, jemanden zu töten, überkam.

Aus den oben angeführten Texten sowie weiteren Texten[51] ergibt sich die folgende Schilderung der Kampf-Ekstase:

---

51 Bei Bedarf siehe den Band 62 „Kriegerinnen und Ekstase-Krieger" aus meiner Reihe „Die Götter der Germanen".

Die Berserker verwandelten sich symbolisch-magisch in einen Bären, um in ihre Kampf-Ekstase zu geraten.

Die Berserker trugen oft ein Bärenfell als ihr Kennzeichen. Sie werden den Bären, von dem dieses Fell stammte, recht sicher selber getötet haben. Bei dieser Gelegenheit werden sie auch das Blut des Bären getrunken haben, um dessen Kraft zu erhalten. Die Berserker-Ekstase wird zumindestens ursprünglich einmal eine Identifizierung mit einem Bären gewesen.

Die Kampf-Ekstase beginnt naturgemäß vor oder während eines Zweikampfes oder in einer Schlacht. Zum Teil wird sie durch besondere Ereignisse wie den Tod eines Gefährten hervorgerufen.

Manche Berserker fallen oft in die Kampf-Ekstase, manche seltener. Manchmal tritt die Berserker-Wut auch erst in späteren Jahren bei einem Mann aus einer Familie, in der es viele Berserker gibt, auf.

Die Ekstase wird durch Heulen und Brüllen sowie das Beißen in den Schildrand hervorgerufen. Dieses Gebrüll wird als das Heulen von Wölfen und das Bellen von wilden Hunden beschrieben – es scheint sich also eher auf die Ulfhedin („Wolfshaut-Leute") als auf die Berserker („Bärenfell-Leute") zu beziehen. Es handelt sich hier aber sehr wahrscheinlich lediglich um ein zwei verschiedene Raubtiere, mit denen sich die Krieger identifizierten, und nicht um zwei grundlegend verschiedene Ekstase-Methoden.

Das von Tacitus berichtete Singen oder Knurren der Germanen in ihren Schild könnte ein Vorläufer dieses Berserker-Geheuls sein.

Zwei weitere Elemente, die über das Hervorrufen der Kampf-Ekstase berichtet werden, sind das Verschlucken von glühenden Kohlen und das Laufen über Feuer. Dies wird jedoch eine Umdeutung einer Fähigkeit in eine Ursache sein, da in der Regel berichtet wird, daß die Berserker „gegen Feuer und Stahl gefeit gewesen sind". Es ist denkbar, daß diese „Gefeitsein gegen Feuer und Stahl" aus den Mythen des ehemaligen Göttervates Tyr stammt, der als Schwertgott und Sonnengott nicht durch das Schwert oder durch Feuer getötet werden konnte.

In einem Fall wird auch das Schütteln der Waffen berichtet. Ebenfalls nur in einem Fall wird auch ein Lachanfall und eine sich daraus ergebende Blässe als Vorgang vor der Kampfeswut beschrieben.

Vermutlich werden die Berserker bei dem Hervorrufen ihrer Berserker-Wut nicht ruhig und entspannt dagestanden haben, sondern mit ihren Füßen gestampft haben. Dies wird zwar nirgendwo beschrieben, aber es ergibt sich fast zwangsläufig aus dem Hervorrufen einer „Raserei".

Während des Kampfes werden beim Eintreten der Berserker-Wut oft die Brünne, der Schild und der Helm fortgeworfen. Die Berserker gehen dann vollkommen auf Angriff und lassen jegliche Verteidigung außer acht.

Die innere Hitze, die „Bärenhitze", das Essen von glühenden Kohlen und die

Feuerläufe sowie der häufige Hinweis, daß die Berserker weder von Feuer noch von Eisen verletzt werden können, zeigt, daß auch das Feuer ein wichtiges Element in der Berserker-Ekstase ist.

Die Berserker können Steine schleudern, die nachher niemand mehr aufheben kann. Nach dem Kampf sind sie manchmal schwach wie nach einer Krankheit.

Die Fähigkeit zur Berserker-Ekstase ist häufig entweder erblich gewesen oder vom Vater dem Sohn gelehrt worden.

Einige Berserker haben nackt gekämpft und sich teilweise blau bemalt. Dies scheint eine alte germanisch-keltische Tradition zu sein.

Die Berserker waren die „Elitekämpfer" der Könige. In sehr vielen Fällen haben die Könige zwölf Berserker um sich geschart. Diese Zahl entspricht den zwölf Asen, die bei Odin in Asgard waren. Manchmal hatte auch ein Berserker zwölf Begleiter. An den Königshöfen, an denen Berserker lebten, scheinen diese Rituale gehabt zu haben, durch die sie ihre Überlegenheit über alle anderen Krieger proklamierten – niemand wagte sie herauszufordern.

Einige Berserker haben zumindestens in späterer Zeit die Landbevölkerung durch die Herausforderung zu Zweikämpfen, durch Raub und Vergewaltigungen tyrannisiert.

Ein Ulfhedin („Wolfsfell-Mann") ist ein Ekstase-Krieger, der sich ein Wolfsfell übergehangen hat, dessen Wolfsschädel ein Teil der Kapuze dieses Ekstasekriegers ist. Tyr ist der Gott dieser Wolfskrieger gewesen – er war als König Heidrek Ulfhedin („Lichtkönig Wolfsfell-Krieger") das Urbild dieser Krieger. In seiner Wolfsgestalt trug Tyr einst den Namen Fenrir.

Die Ulfhedin heulten des öfteren wie Wölfe, aber dies taten sie anscheinend nicht, um eine Wolfs-Ekstase hervorzurufen, sondern um ihre Wut auszudrücken und um ihr Gemeinschaftsgefühl („Rudel") zu stärken.

In den Mythen, Liedern und Sagas ist auch die Verwandlung in einen Wolf nicht mit dem Hervorrufen der Kampfekstase verbunden.

Man sah zumindestens in der Zeit, aus der der Großteil der Überlieferung stammt, die Berserker („Bärenfell-Männer") und die Ulfhedin („Wolfsfell-Männer") als weitestgehend identisch miteinander an. Bei genauerer Betrachtung aller Texte zeigt sich jedoch, daß die Wölfe mehr mit normalen Kriegern und die Bären mehr mit den Berserkern assoziiert worden sind.

Es ist nur ein einziger Fall bekannt, in dem sich eine Frau in einen Wolf verwandelt hat.

Von den Indoermen sind einige Verwandlungen in Wölfe oder Hunde bekannt. Sie finden sich bei den Germanen, den Kelten, den Römern, den Slawen, den Balten, den Hethitern, den Luwiern, den Lydern, den Skythen und den Griechen, während dieses Motiv bei den östlichen Indogermanen (Inder, Perser, Mitanni, Tocharer) fehlt.

Das Bild des Bären-Kriegers ist nur von den Germanen, Kelten und Hethitern bekannt.

Das Wolfskrieger-Motiv geht auf das indogermanische Bild der Hirten-Krieger in Wolfs- und Hunde-Gestalt als der Beschützer der Herden gegen Raubtiere und Feinde zurück. Die ursprünglichen Indogermanen haben von 6000-2800 v.Chr. in der südrussischen Steppe als halbnomadische Viehzüchter gelebt. Das Bild des schützenden Hundes bzw. Wolfes ist durch den vom Wolf abstammenden Hirtenhund entstanden, der den damaligen Hirten beim Hüten der Schafe, Ziegen, Pferde und Rinder geholfen hat.

Das Motiv der Wolfs-Hirten und der Wolfs-Krieger findet sich auch bei den Sumerern und den Semiten. Die gemeinsamen Vorfahren der Indogermanen, Sumerer und Semiten haben um 7000 v.Chr., in Mesopotamien gelebt. Zu dieser Zeit war die Viehzucht bereits vor ca. 1000 Jahren entdeckt worden – es könnte damals also schon Hirtenhunde gegeben haben, die damals noch schlicht „zahme Wölfe" gewesen sind. Folglich könnte auch das Motiv der Wolfs-Hirten und das von ihm abgeleiteten Motiv der Wolfs-Krieger aus dieser Zeit stammen.

Wenn man noch weiter zurückgeht, findet man um 10.000-7.000 v.Chr. die Panthertänzer in Göbekli Tepe und in Çatal Höyük. Wie auch in der späteren Zeit sind die Panther, Löwen, Katzen usw. mit der Mutter- und Jagdgöttin assoziiert worden. Dieses Motiv wird aus dem Jagdzauber stammen: Die damaligen Jäger wollten bei der Jagd so schnell und erfolgreich wie ein Panther sein.

Die frühesten Darstellungen von Mann/Panther-Mischwesen stammen aus der späten Altsteinzeit vor ca. 40.000 Jahren. Vermutlich reicht diese naheliegende Identifizierung der Jäger mit dem Panther aber noch sehr viel weiter zurück, auch wenn es keine älteren Darstellungen gibt.

Das Motiv des Bären/Panther/Löwen-Mannes ist folglich deutlich älter als das Motiv des Wolfs/Hunde-Mannes, da sich erst ab 8000 v.Chr. in Mesopotamien im Zusammenhang mit dem Vergleich des Hirten mit einem Hirtenhund gebildet hat.

Zusammenfassung

Die Kampf-Ekstase hat anscheinend zwei Wurzeln: die bis in die Altsteinzeit zurückreichende Identifizierung der Jäger mit einem Großraubtier und die Erweckung der Kundalini.

Die Kampf-Ekstase selber wird durch die Identifizierung mit dem Großraubtier, durch Brüllen und Heulen, durch das Beißen in den Schildrand beißen und das

---

Schütteln der Waffen sowie vermutlich auch durch Stampfen ausgelöst. Dabei erwacht auch die innere Hitze, d.h. die Kundalini.

Diese Kampf-Ekstase zeichnet sich durch vielfach vergrößerte Körperkraft aus. Inwieweit diese Kampfekstase auch gegen Feuer und Eisen gefeit hat, ist unklar. Die heutigen Feuerläufe zeigen auf jeden Fall, daß man einen Zustand erreichen kann, in dem man feuerfest ist, sich in Glut legen und sogar Glutstücke essen kann.

g) Die Zauberin Busla

Auch die Germanen kannten die „Erpressungs-Magie". Sie findet sich in mehreren Liedern und Sagas. Der folgende Text stammt aus der „Saga über Bosi und Herraud".

An demselben Abend kam Busla in den Raum, in dem König Hring schlief, und sang das Zauberlied, das seitdem „Buslas Zauberlied" heißt. Es ist seither weithin bekannt geworden und enthält viele üble Worte, die christliche Männer nicht in ihren Mund nehmen sollten.
So beginnt es:

„König Hring liegt hier, / der Herrscher der Gauten,
aller Menschen / Eigenwilligster:
Deinen Sohn willst Du / selber morden;
so Unerhörtes / wird allbekannt.
Höre Buslas Fluch! / Er ist bald gesungen,
daß die weite Welt / ihn wohl vernimmt,
niemand nützlich, / der ihn vernimmt,
doch heillos ihm, / dem ich heut ihn singe!
Weichet, Wichte, / Gewaltiges komme,
wanket, Klippen, / Welt erbebe,
Wetter brich an, / Gewaltiges komme,
begnadigst Du, Hring, / den Herraud nicht,
tust Du Böses / dem Bosi an!
Böses wünsch ich / in die Brust Dir,
daß giftige Nattern / nagen Dein Herz,
daß Deine Ohren / für immer ertauben
und Deine Augen / sich auswärts drehen,
tust dem Bosi / Du Böses an,
läßt Du den Haß / wider Herraud nicht!

Segelst Du, / versage das Tauwerk,
sollen reißen die Ruderangeln, / sei zerfetzt das Segel,
sollen brechen / die Brassen alle,
läßt Du den Haß / wider Herraud nicht,
bietest Du Frieden / Bosi nicht an!
Reitest Du, / reiße Dein Zügel,
strauchle Dein Roß, / soll jede Gasse
Grades Weges / in der Trolle Hand Dich hinführen,
tust dem Bosi / Du Böses an,
läßt Du den Haß / wider Herraud nicht!
Im Bett sei Dir / wie in brennendem Stroh,
auf dem Hochsitze[52] / wie in hohen Wellen;
doch Schlimmeres noch / geschehe Dir dann:
willst Du bei Mädchen / Manneslust haben,
komme nie zum Ziel! / Soll ich Dir noch mehr erzählen?"

Der König antwortete: „Sei still, Frau, und gehe, denn sonst werde ich Dich für Deine Flüche foltern lassen."

„Wir haben uns nun getroffen," sagte Busla, „und wir werden nicht wieder auseinander gehen, bevor ich nicht meinen Teil gesagt habe!"

Der König versuchte aufzustehen, doch er war fest an sein Lager gebannt und seine Diener wachten nicht auf.

Da begann Busla mit dem zweiten Teil ihres Fluches, aber ich werde ihn hier nicht niederschreiben, damit ihn niemand wiederholt. Wenn er nicht niedergeschrieben wird, ist es unwahrscheinlich, das ihn jemand benutzt.

Dies ist sein Anfang:

„Trolle und Elfen, und Zauber-Normen
sollen Deine Halle verbrennen!
Heim-Thursen sollen Dich vernichten!
Pferde sollen Dich zertrampeln!
Stroh soll Dich stechen!
Sturm soll Dich schütteln!
Weh Dir, wenn Du nicht meinen Willen tust!"

Als ihr Zauberlied zuende war, sagte der König zu ihr: „Bevor Du mich noch länger verfluchst, will ich dem Herraud sein Leben schenken, aber Bosi muß außer Landes gehen und wenn ich ihn jemals wieder in die Hände bekomme, muß er

---

52 Hochsitz = Thron

sterben!"

„Dann habe ich noch ein besseres Zauberlied für Dich, " sprach Busla.

Da begann Busla mit dem Lied, das „Syrpas[53] Verse" genannt wird und das von der allergrößten Magie erfüllt ist und das man nicht nach Sonnenuntergang singen darf.

Gegen Ende dieses Liedes heißt es:

„Sechs Sprecher werden hier kommen,
sage mir all' ihre Namen!
Jeden einzelnen von ihnen
werde ich Dir hier zeigen! –
Wenn Du ihre Namen nicht so errätst,
daß es mir richtig erscheint,
Dann werden an Dir in der Hel die Hunde nagen
und Deine Seele wird in den Wassern versinken![54]

Löse dieses Rätsel auf die richtige Weise oder alles Übel, das ich gerufen habe, wird sich ereignen, wenn Du mir nicht zu Willen bist!"

Als Busla ihr Lied beendet hatte, wußte der König genau, wie er antworten mußte.

„Was ist Dein Wille?" sagte der König.

„Sende die beiden Söhne," sagte die alte Frau, „auf eine gefährliche Suche – was auch immer – und mache sie für sich selber verantwortlich."

Der König gebot ihr, nun zu gehen, aber sie weigerte sich, das zu tun, bevor der König nicht einen Eid geschworen hatte, daß er das Versprechen, das er ihr gegeben hatte, halten würde, damit ihm Buslas Fluch keinen Schaden zufügen würde.

Dann verschwand die alte Frau.

Zusammenfassung

Die Erpressung durch Flüche, die in Erfüllung gehen, wenn der Bedrohte nicht das tut, was der, der diese Flüche ausspricht, will, scheint recht beliebt gewesen zu sein. Auch dies ist kein direkter Kampfzauber, sondern eben eher eine Erpressung.

Lediglich die Fähigkeit der Busla, dem König die Fähigkeit zu nehmen, sich zu bewegen, zählt zu der direkten Kampfmagie. Dieser Effekt ist aus der heutigen Zeit von der Hypnose und vom „Magnetisieren" nach der Mesmer-Methode („Mesmerisieren") gut bekannt.

---

53 Syrpa: ein Beiname der Göttin Freya
54 Dies ist ein Rätsel, daß sich auf die Namen der Runen bezieht.

h) Skirnir-Lied

Der Götterbote und Freyr-Priester Skirnir ist in einem Lied als der Brautwerber des
Gottes Freyr unterwegs und soll die Gymir-Tocher Gerdr für Freyr freien. Gerdr ist
eine Variante der Göttin Freya. Skirnir benutzt wie die Zauberin Busla in dem vorigen
Lied Erpressungs-Magie, um sein Ziel zu erreichen.[55]

*Freyr, der Sohn Niörds, hatte sich einst auf Hlidskialf[56] gesetzt und überschaute die
Welten alle. Da sah er nach Jötunheim und sah eine schöne Jungfrau aus ihres Vaters
Haus in ihre Frauenkammer gehen. Daraus erwuchs ihm große Gemütskrankheit.*
Skirnir hieß Freyrs Diener. Niörd bat ihn, Freyr zum Reden zu bringen.

Da sprach Skadi:
„Erhebe Dich, Skirnir, und schau,
Ob Du unsern Sohn zum Reden bewegen kannst
Um zu erkunden, wem der Kluge wohl
So bitterböse sein mag."

Skirnir (zu Skadi):
„Eine üble Antwort werde ich von eurem Sohn erhalten,
Wenn ich ihn anspreche
Um zu erfahren, wem der Kluge wohl
So bitterböse ist."

Skirnir (zu Freyr):
„Sage mir, Freyr, volkwaltender Gott,
Was ich zu wissen wünsche:
Warum weilst Du allein im weiten Saal,
Herr, den ganzen Tag?"

Freyr:
„Wie soll ich sagen Dir jungem Gesellen
Der Seele großen Gram?
Die Alfenbestrahlerin[57] leuchtet alle Tage,
Doch nicht zu meiner Liebeslust."

---

55 Eine ausführliche Deutung dieses Liedes und der Namen und Motive in ihm findet sich in
    meinem Buch „Zaubersprüche", der der 68. Band meiner Reihe „Die Götter der
    Germanen" ist.
56 Hlidskialf = Odins Seher-Thron
57 Alfenbestrahlerin = Sonne

Skirnir (zu Freyr):
„Dein Gram kann so groß nicht sein,
Daß Du ihn mir nicht erzählen könntest.
Teilten wir doch die Tage der Jugend:
So mögen wir zwei uns Vertrauen schenken."

Freyr:
„Aus Gymirs Haus sah ich heraustreten
Die mir liebe Maid.
Ihre Arme leuchteten, und von ihrem Schein
leuchtete all das Meer und der Himmel.

Mehr lieb ich die Maid als ein Jüngling mag
Im Lenz seines Lebens.
Von Asen und Alfen will es nicht einer,
Das wir beisammen seien."

Skirnir (zu Freyr):
„Gib mir Dein rasches Roß, das mich sicher
Durch die flackernde Flamme führt;[58]
Gib mir das Schwert, das sich von selber schwingt
Gegen der Reifriesen Brut."

Freyr:
„Nimm denn mein rasches Roß, das Dich sicher
Durch das Dunkel und die flackernde Flamme führt;
Nimm mein Schwert, das von selber
In der Hand des Mutigen schwingt."

Skirnir (zu Freyrs Ros):
„Dunkel ist's draußen: wohl dünkt es mich Zeit
Über feuchte Berge zu fahren.
Wir beide vollführen's, fängt uns nicht beide
Jener kraftreiche Riese."

Skirnir fuhr gen Jötunheim zu Gymirs Wohnung. Da waren wütige Hunde an die Türe des hölzernen Zaunes gebunden, der Gerdrs Saal umschloß.

---

58 flackernde Flamme = Waberlohe = Grenze zum Jenseits

Er ritt dahin, wo der Viehhirte am Hügel saß und sprach zu ihm:
„Sag mir, Hirte, der am Hügel sitzt
Und die Wege bewacht,
Wie kann ich schauen die schöne Maid
Die von Gymirs Grauhunden bewacht wird?"

Hirte:
„Bist Du dem Tode nahe oder bereits tot,
Mann auf dem Rücken der Mähre?
Mit Gymirs göttlicher Tochter zu sprechen
bleibt Dir immerdar unvergönnt."

Skirnir (zu dem Hirten):
„Kühnheit steht dem besser als Klagen,
Der zur Fahrt bereit ist.
Bis auf den Tag genau ist mein Alter bestimmt
Und meines Lebens Länge."

Gerdr (zu ihrer Magd):
„Welch ein Getöse hör ich ertönen
Hier in unsern Hallen?
Die Erde bebt davon und alle Wohnungen
In Gymirsgard erzittern."

Magd (zu Gerdr):
„Ein Mann ist hier außen von der Mähre gestiegen
Und läßt im Grase sie grasen."

Gerdr (zur Magd):
„Bitte ihn einzutreten in unsern Saal
Und den milden Met zu trinken,
Obwohl mir ahnt, das hier außen sei
Meines Bruders Mörder."

Gerdr (zu Skirnir):
„Wer bist Du von den Alfen oder Asensöhnen
Oder weisen Wanen?
Was fuhrst Du durch flackernde Flamme allein
Unsere Säle zu schauen?"

Skirnir:
„Ich bin keiner der Alfen noch der Asensöhne,
Noch der weisen Wanen.
Doch fuhr ich alleine durch die flackernde Flamme,
Um eure Säle zu sehen.

Elf allgoldene Äpfel habe ich:
Die will ich Dir, Gerdr, geben,
Um Deine Liebe zu erkaufen, damit Du Freyr bekennst,
Das Dir niemand lieber ist als er."

Gerda:
„Die elf Äpfel nehme ich nicht an
für die Minne eines Mannes!
Freyr und ich sollen, solange wir beide atmen,
Niemals zusammen sein!"

Skirnir:
„Ich gebe Dir den Ring, der mit Odins jungem Erben
In der Glut lag –
Acht ebensoschwere Ringe entträufeln ihm
In jeder neunten Nacht."

Gerdr:
„Nach dem Ring, der mit Odins jungem Erben
in der Lohe lag, verlangt mich nicht.
In Gymirsgard bedarf ich des Goldes nicht:
Mein Vater hat genügend Schätze für mich."

Skirnir:
„Siehst Du, Mädchen, das scharfe Zauber-Schwert,
Das ich in der Hand halte?
Das Haupt hau ich Dir ab von Deinem Hals,
Wenn Du Dich Freyr verweigern willst."

Gerdr:
„Ich werde niemals Zwang erdulden
wegen der Minne eines Mannes!
Aber wenn Dich Gymir sieht, dann bin ich sicher,
Das ihr Kühnen einen Kampf beginnen werdet."

Skirnir:
„Siehst Du, Mädchen, das scharfe Zauber-Schwert,
Das ich in der Hand halte?
Seine Schneide wird den alten Riesen erschlagen,
wird Deinen Vater töten!

Ich werde Dich, Maid, mit der Zauberrute
Zu meinem Willen zwingen!
Du wirst dorthin kommen, wo Dich die Kinder der Menschen
Nicht mehr sehen werden!

Auf dem Felsen des Adlers sollst Du in der Frühe sitzen:
Von der Welt fortgewandt zu Hel!
Die Speisen sollen Dir widerwärtiger sein als irgendeinem auf der Erde
Der von den Menschen verabscheute Midgardswurm!

Ein scheußliches Wunderwesen wirst Du draußen werden,
Hrimnir wird Dich angaffen, alle werden Dich anstarren!
Du wirst weiter bekannt werden als der Wächter der Götter:
Dann kannst Du hinter Gitter hervorgaffen!

Einsamkeit und Abscheu, Zwang und Ungeduld
Werden Dir Trübsinn und Tränen bringen!
Setze Dich nieder, denn ich werde Dir nun
den anschwellenden Strom Deines Leides verkünden,

Deinen zweischneidigen Schmerz!
Trolle sollen Dich ängstigen
den ganzen den Tag
Hier im Gehege der Joten!

Du sollst Dich krümmen den ganzen Tag
Hier vor den Hallen der Hrimthursen:
Der Speise beraubt,
Um Speise verzweifelt!

Leid statt Lust wird Dein Lohn sein
und Du wirst Dein Unglück mit Tränen tragen!
Mit einem dreiköpfigen Thursen wirst Du Dein Leben teilen
Oder unvermählt altern!

Die Sehnsucht wird Dich
Von Morgen zu Morgen scheuchen!
Wie die Distel wirst Du verdorren, die sich
In die Öffnung des Ofens gedrängt hat!

Ich ging zum Hügel in den tiefen Wald,
Um Zauberstäbe zu finden:
Und Zauberstäbe habe ich gefunden!
Odin ist Dir gram! Der Asenfürst grollt Dir!

Und Freyr verflucht Dich!
Fliehe, üble Maid, bevor Dich
Der Zauberzorn der Götter vernichtet!
Hört es, ihr Joten! Hört es, ihr Reifriesen!

Hört es, Suttungs Söhne! Hört es, ihr Asen selber!
Wie ich der Maid verbiete, wie ich von der Maid verbanne
die Gesellschaft mit Männern!
Die Gemeinschaft mit Männern!

Hrimgrimnir heißt der Riese, der Dich haben soll
In den Tiefen hinter dem Tor der Hel!
Zu der Frostriesen Halle sollst Du jeden Tag fahren,
vergebens kriechen und betteln.

Dort werden üble Knechte an der Wurzel des Baumes
Dir Hörner mit Schmutz gefüllt reichen
Besserer Trank wird Dir nicht eingeschenkt!
Maid, nach Deinem Willen! Maid, nach meinem Willen!

Eine Thurs-Rune schneid ich Dir in drei Stäbe:
Ohnmacht, Unmut, Ungeduld.
Ich werde sie abschneiden, so wie ich sie eingeschnitten habe,
Wenn ich es tun muß!"

Gerdr:
„Nun sei Dir Heil, Held – nimm den Eiskelch
voller firnen Metes.
Ich hätte nie gedacht, das ich einen
Von dem Stamm der Wanen wählen würde."

Skirnir:
„Meiner Werbung Erfolg wüßte ich gerne gesichert,
bevor ich von hier gehe.
Wann meinst Du in Minne dem mannhaften Sohn
Des Niörd zu nahen?"

Gerdr:
„Barri heißt der Wald mit den stillen Wegen,
den wir beide kennen:
Nach neun Nächten soll Niörds Sohn dort
Gerdr Freude gönnen."

Da ritt Skirnir heim. Freyr stand draußen, grüßte ihn und frug ihn, was er zu berichten habe:
„Sage mir, Skirnir, eh Du den Sattel abwirfst
Oder vorrückst den Fuß,
Was Du ausgerichtet hast in Riesenheim
Nach meiner Meinung und nach Deiner!"

Skirnir:
„Barri heißt der Wald mit den stillen Wegen,
den wir beide kennen:
Nach neun Nächten will Gerdr dort
Niörds Sohn Freude gönnen."

Freyr:
„Lang ist eine Nacht, länger sind zwei:
Wie kann ich drei ertragen?
Oft scheint ein Monat mir minder lang
Als eine halbe Nacht des Harrens."

Zusammenfassung

Auch dies ist im Wesentlichen wieder ein Erpressungs-Zauber durch das Androhen der Aktivierung der Flüche, die man ausgesprochen hat.

Dieses Lied ist voller mythologischer Motive, die hier jedoch nicht erläutert worden sind, da sie keine Bedeutung für die Betrachtung der Kampfmagie haben.

i) Gesta danorum

In dieser „Geschichte der Dänen" des Mönches Saxo grammaticus („Saxo der Schriftkundige") wird in dem Bericht über König Hadding ein Fluch sehr genau wiedergegeben:

Als er sich seiner Tat brüstete, traf ihn eine Frau und sprach ihn mit folgenden Worten an:
„Ob Du zu Fuß über die Felder schreitest
oder ob Du das Segeltuch über der See spannst:
Du wirst den Haß der Götter erleiden
und in der gesamten Welt wirst Du erleben,
wie die Elemente Deinem Willen widerstreben!
Auf dem Fels sollst Du fallen,
auf der See sollst Du umhergeworfen werden,
ein ewiger Sturm soll die Schritte Deiner Wanderung begleiten!
Niemals soll die Frost-Steife Deine Segel verlassen,
niemals soll Dein Dach-Baum Dir Schutz geben
– und wenn Du nach ihm suchst,
soll es vom Sturm zerschmettert werden!
Deine Herde soll in bitterer Kälte umkommen,
alle Deine Dinge sollen verderben
und sie sollen Dein Los beklagen!
Du sollst ausgestoßen werden wie ein Pest-Krüppel
und keine Krankheit soll schlimmer sein als Du!
Diese Strafe hat die Macht des Himmels über Dich verhängt,
denn wahrlich,
Deine frevlerischen Hände haben einen von den Bewohnern der oberen Welt getötet,
als er sich in einer Gestalt verborgen hatte, die nicht seine eigene war:
Hier stehst Du, der Mörder des wohltätigen Gottes!
Wenn Dich jedoch die See empfängt,
wird der Zorn des Kerkers des Windgottes auf Dein Haupt losgelassen werden!
Der Westwind und der wütende Nordwind
und der Südwind sollen Dich niederschlagen,
sie sollen sich vereinen und ihre Böen einander übertreffend aussenden,
bis Du mit guten Gebeten die Härte des Himmels erweicht hast,
und mit Besänftigungen die verdiente Strafe aufgehoben hast!"

<u>Zusammenfassung</u>

Dies ist ein weiteres Beispiel für die Erpressungs-Magie mithilfe von angedrohten Flüchen. Daß diese Art von Magie anscheinend gut funktioniert hat, zeigt nebenbei, daß auch derartige Flüche gut funktioniert haben müssen.

Die Flüche gehören eher zum Schadenszauber als zur Kampfmagie, da sie in aller Regel nicht während eines konkreten Kampfes ausgesprochen werden, sondern als Drohung oder in Abwesenheit des zukünftigen Opfers.

j) Germanische Kampfmagie

Diese Darstellung ist eine kurze Zusammenfassung der ausführlichen Beschreibung die sich in meinem Buch „Die Götter der Germanen, Band 64a: Magie und Ritual I" befindet, in dem auch noch weitere Formen von im Kampf benutzten Magie-Arten wie der Nebelzauber, der Wetterzauber, der Unsichtbarkeitszauber usw. dargestellt werden.

Der allergrößte Teil der Kampfmagie war genau genommen ein großes Sortiment von Schadenszaubern und Schutzzaubern.

Zu den Schadenszaubern zählen:

- Es gab Zaubersprüche, die die Waffen der Feinde stumpf machen sollten. Dies war ein sehr weit verbreiteter Brauch. Natürlich gab es zum Schutz gegen derartige Magie auch etliche „Anti-Stumpfmachen-Zauber".

- Man konnte durch Magie Hagel gegen die Feinde senden.

- Einige Magier konnte ihre Feinde erblinden lassen oder taub machen. Dieser Zauber ist auch von den Kelten bekannt.

- Es gab Zauberlieder, deren Singen den Feinden den Mut nahm.

- Man konnte die Feinde durch Kriegsschreie verängstigen. Von den Kelten wird berichtet, daß die Druiden dabei in einem sehr tiefen Baß („wie das Röhren der Hirsche") sangen – vermutlich so wie der tibetischer Baßgesang. Dies könnte dem von Tacitus über die Germanen berichtete „Singen in den Schild" entsprechen. Dieser tiefe Ton diente möglicherweise der Erweckung der Kundalini im Wurzelchakra, die vor allem auf sehr tiefe Töne reagiert.

- Manche Motive wie die Fingerpfeile der Göttinnen und Trollfrauen haben

61

recht sicher keine reale Grundlage – es sei denn, daß das „auf jemanden Zeigen" ist als gleichwertig mit dem „bösen Blick", durch den man einen Fluch aussenden konnte, aufgefaßt worden ist.

- Die Magie gegen die Feinde wurde oft von alten Frauen ausgeübt, die sich dabei möglicherweise mit der Jenseitsgöttin identifizierten.

- Über Kampfmagie bei den Indogermanen ist nur wenig bekannt. Es gibt einige Berichte über Schadenszauber bei den Hethitern, aber keine eigentliche Kampfmagie, sondern eher eine „magische Kriegsführung".

Zu den Schutzzaubern zählen:

- Man konnte Runenstäbe auf der Brust tragen, um den eigenen Mut zu stärken.

- Die Krieger konnten durch ein „Hand auf den Kopf legen" gesegnet werden.

- Das Motiv der Unverwundbarkeit, das bei den Germanen sehr weit verbreitet ist, geht auf die Mythen des Sonnengott-Göttervaters Tyr zurück. Da er der Göttervater war, war er der mächtigste Gott und folglich auch unbesiegbar und unverwundbar. Da er als Sonnengott jedoch jeden Abend starb, mußte er doch verwundbar sein, aber eben nur auf einen besondere Weise: durch sein eigenes Schwert, durch den Jenseitsgott, nur an einem bestimmten Körperteil usw. Auch die Weise, auf die er seine Unverwundbarkeit erlangt, weist auf diesen Ursprung der Unverwundbarkeit hin: durch Drachenblut (Verwandlung in Drache = Jenseitsreise), durch ein Bad im Jenseitsfluß, durch die Jenseitsgöttin usw. Später wurde dieses Motiv auf vielfältige Weise umgewandelt. Außer bei den Germanen findet es sich nur noch bei den Kelten (Artus durch die Scheide des Excalibur), den Narten (Geburt aus einem Stein = Rückkehr des Sonnengottes aus seinem Hügelgrab) und den Griechen (Achilles).

- Es gab auch Fesselzauber, mit denen man sowohl jemanden fesseln als auch sich selber wieder von Fesseln befreien konnte. Dies geschah durch Runen, Zauberlieder oder durch eine nicht näher beschriebene Magie.

Einige Arten der Magie waren sowohl Schadenszauber als auch Schutzzauber:

- Man konnte den Sonnengott-Göttervater Tyr um den Sieg im Krieg anrufen und den Bogen-Gott Ullr um den Sieg im Zweikampf bitten.

- Eine Zauberin konnte durch ihre Zauberkunst einem bestimmten Mann den Sieg geben.

    - Waffen wurden z.T. durch das Eingravieren von Runen geweiht.

    - Manche Waffen waren auch aus sich heraus schon magisch.

    - Es wurden auch Illusionszauber verwendet, durch die z.B. Kiesel als Berge erschienen oder ein wenig Schnee als ein großer Fluß usw.

Diese Formen der Kampfmagie wurden alle vor dem Kampf verwendet und nicht während des Kampfes. Sie dienen also der Vorbereitung des Kampfes und sind somit keine Kampfmagie im engeren Sinne wie z.B. die Vergrößerung der Kraft in der Kampf-Ekstase der Berserker und der Ulfhedin.

Zusammenfassung

Es gibt viele Schadenszauber und Schutzzauber, die vor einem Kampf durchgeführt wurden, aber nicht direkt während des Kampfes benutzt worden sind. Sie zählen daher nur indirekt zu der Kampfmagie.

---

k)   der Dänen-Missionar Poppo

Harald „Blauzahn" einte Dänemark erstmals unter einer Krone und gilt als erster christlicher König Nordeuropas. Der friesische Missionar Poppo soll Harald im Jahre 960 n.Chr. vom christlichen Gott überzeugt haben, indem er ein glühendes Eisen in die Hand nahm und dabei unversehrt blieb.

Zusammenfassung

Bei der Christianisierung von Skandinavien spielten Wunder, die die Missionare vollbracht haben und somit die Überlegenheit des christlichen Gottes bewiesen hatten, oft eine große Rolle.

---

l)   Geronimo

Der Häuptling und Schamane Geronimo der Apachen (1829-1909), dessen eigentlicher Name „Gohklayeh" lautet, hat jahrzehntelang einen erfolgreichen Krieg gegen die amerikanische Kavallerie geführt, indem er u.a. mithilfe von Astralreisen die Pläne und Aktionen des amerikanischen Heeres ausspioniert hat.

Zusammenfassung

Die magische Spionage ist eine weitere Möglichkeit der Kampfmagie, die nicht direkt mit dem Kampf selber, sondern mit seiner Planung zu tun hat.

m)   Ergebnisse

Zusammenfassung

Die älteren historischen Quellen (bis ca. 1000 n.Chr.) berichten vor allem über Magie-Wettstreite zur Entscheidung darüber, wessen Gott der mächtigere ist.

In den neueren Quellen, die um ca. 1000 n.Chr. beginnen, erscheinen auch die Kampf-Ekstase sowie verschiedene vorbereitende Schadens- und Schutzzauber. Zu der Kampfmagie gehört vor allem die deutlich gesteigerte Körperkraft sowie die zumindestens teilweise Unverwundbarkeit durch Feuer und Eisen.

2. Das Erlernen der Kampfmagie in einem Orden o.ä.

Von wem kann man Kampfmagie erlernen? Offensichtlich am ehesten von jemandem, der sowohl ein Krieger ist als auch ein Magier. Da sich sowohl Krieger als auch Magier sehr oft zu Bünden zusammenschließen, kann man folglich von der Existenz von Orden bzw. Heeren von Krieger-Magiern oder Krieger-Priestern ausgehen. Der Unterschied zwischen Krieger-Magiern und Krieger-Priestern liegt vor allem in ihrem Selbstverständnis und nicht in dem, was sie tatsächlich tun und können. Eine dritte Variante sind die „Krieger mit magischen Kenntnissen", die sich in erster Linie als Krieger ansehen.

Es gibt eine ganze Reihe von historischen Beispielen für solche Gemeinschaften, deren Mitglieder sich in mehr oder weniger großem Maße sowohl als Krieger als auch als Magier/Priester angesehen haben.

a) Panthermänner und Jaguarkrieger

Die älteste Form sind die Panthertänzer, die schon aus der späten Altsteinzeit vor ca. 40.000 Jahren durch eine aus Elfenbein geschnitzte Figur bekannt sind. Sie wird meistens als „Löwenmann" bezeichnet, obwohl es sich eher um einen Pantherkopf als um den Kopf eines Höhlenlöwen handelt.

Vermutlich ist die Symbolik des Großraubtiers bereits in der Altsteinzeit von der Darstellung des stärksten Jägers auf die Darstellung des Schamanen als des stärksten Magiekundigen ausgeweitet worden. Da diese Schamanen/Großraubtier-Symbolik weltweit verbreitet ist, ist ihre Entstehung in der Altsteinzeit sehr wahrscheinlich – das Großraubtierfell, also das Fell eines Panthers, Löwen, Tigers, Bären, Jaguars usw. ist das allgemeine Symbol der Schamanen.

Diese altsteinzeitlichen Panthermänner erscheinen dann zu Beginn der Jungsteinzeit um 10.000v.Chr. in Göbekli Tepe in Nord-Mesopotamien in der Form eines steinernen Totempfahls. Vor dem Eingang der Tempel, die teilweise aus Stein gebaute Schwitzhütten sind und somit den Bauch der Göttin darstellen, stehen zwei steinerne Panther-Stuaetten vor dem Eingang.

In der Mitte der Jungsteinzeit um 7.000v.Chr. finden sich in einem Tempel in Çatal Höyük in der Südwest-Türkei Darstellungen von Gruppen von tanzenden Panthertänzern, die Tambourine halten, also wahrscheinlich Schamanen sind. Da diese mit einem Pantherfell bekleideten Männer auch Pfeil und Bogen halten und manchmal um einen Hirsch tanzen, ist auch der Jäger-Aspekt des Panthermannes noch von Bedeutung gewesen. Hier ist der Panther ganz deutlich das Tier der Göttin: Sie sitzt auf einem Pantherthron und wird von einem oder zwei Panthern begleitet.

Das Löwenpaar, Pantherpaar oder Katzenpaar erscheint im gesamten Mittelmeerraum als Begleiter der Göttin: Sachmet, Astarte, Artemis, Freya usw.
Bis zu dieser Zeit sind die Panthermänner Jäger und Schamanen gewesen.

Im alten Ägypten erscheint der Panthermann als der Gott Bes, dessen Ursprung noch deutlich in der Gestalt des Schamanen erkennbar ist.
Zu dieser Zeit ist der Jäger-Aspekt der Panthermänner jedoch schon weitgehend verblaßt. Immerhin weist das Messer des Bes noch auf eine Erinnerung an die einstige Jagd-Symbolik hin.

Bei den Germanen und den Kelten entwickelte sich aus der Bären-Symbolik der Schamanen (der Bär ist das Großraubtier des Nordens) und aus der Krieger-Symbolik der Wölfe die Techniken der Kampf-Ekstase, die die Ekstase-Techniken der Schamanen zur Grundlage hatten, die auch die Erweckung der Kundalini umfaßt hat. Vor allem die Berserker und Uklfhedinn der Germanen sind sehr bekannt geworden.
In Afrika entwickelten sich die Panthertänzer, deren Tanz ursprünglich zum Erreichen einer Jagd-Ekstase und später zum Erreichen der schamanischen Jenseitsreise-Ekstase dienten, zu Gemeinschaften von Schamanen-Kriegern weiter: zu den gefürchteten Jaguar-Bünden. Sie töteten ihre Feinde mit eisernen Krallen die den heutigen Hand-Harken der Gärtner ähnelten. Von speziellen Ekstasetechniken oder Methoden der Kampfmagie ist jedoch nichts bekannt. Diese Bünde hatten insbesondere während der Kolonialzeit in Afrika einen großen Einfluß.
Bei den Azteken in Mittelamerika gab es den Jaguar-Bund, in dem die Elite-Krieger des aztekischen Königs waren. Der Jaguar war in Mittelamerika das Tier der Schamanen.
Zu dieser Zeit ist die Schamanen-Symbolik weitestgehend verblaßt und die Großraubtier-Symbolik auf die Kriegerbünde übertragen worden.
Im Zuge der „Politisierung" der Großraubtier-Symbolik haben sich auch die Könige vieler Völker als Löwen, Bären u.ä. angesehen und sich diese Symbolik angeeignet. Auch die Sphinx ist solch ein Königs-Löwe.

Zusammenfassung

Die Panthermänner bilden den Hintergrund der Krieger-Magier. Diese Panthermänner waren ursprünglich Jäger, dann auch Schamanen und schließlich Krieger. Die Ekstase war daher zuerst ein Jagdzauber, bei dem sich der Jäger mit einem Panther identifiziert hat, dann eine schamanische Ekstase und schließlich die Kampf-Ekstase.

---

b) Berserker und Ulfhedin

Die Berserker („Bärenfell-Männer") und die Ulfhedin („Wolfshaut-Männer") sind bereits früher in diesem Buch ausführlich beschrieben worden.

c) keltische Ekstase-Krieger

Die Szene aus dem Leben des Cú Chulainn, in der er die Kampf-Ekstase erklangt, ist bereits angeführt worden. Es gibt zwar viele Schilderungen der verschiedenen Arten der Magie, die im Krieg durch de Druiden angewandt wurden wie das Rufen von dichtem Nebel, in dem die Feinde nichts mehr sehen konnten, aber es gibt nur diese eine ausführlichere Schilderung der Erzeugung einer Kampf-Ekstase.

Man kann jedoch davon ausgehen, daß die Kenntnis der Erzeugung einer solchen Kampf-Ekstase vielen Kriegern und Druiden bekannt gewesen ist. Von den Römern werden diese Krieger als nackt und mit blau bemalter Haut (blau = Todessymbolik) geschildert.

Heute würde man eher die Farbe Schwarz wählen, um eine Todes-Assoziation hervorzurufen. Da damals jedoch nicht deutlich zwischen Blau und Schwarz unterschieden wurde, also es nur eine Bezeichnung für die Farbe „Blauschwarz" gegeben hat, ist es denkbar, daß die damalige „blaue" Bemalung eigentlich eine schwarze Bemalung gewesen ist.

d) die Krieger des Sonnengott-Göttervaters

Sowohl bei den Germanen als auch bei den Kelten ist die Kampf-Ekstase ursprünglich recht sicher mit dem Sonnengott-Göttervater assoziiert worden, also mit Tyr bzw. mit Dagda. Dies ist auch schon deshalb plausibel, weil der Sonnengott-Göttervater bei den West-Indogermanen und bei den mittel-indogermanischen Skythen und Griechen ursprünglich auch der Schwertgott und Kriegsgott gewesen ist. Später ist dann z.B. Mars von Jupiter bzw. Ares von Zeus unterschieden worden.

Im Verlaufe der Ablösung der Muttergöttin als oberster Gottheit durch den Sonnengott-Göttervater bei den Indogermanen in der Zeit von ca. 6000-4000v.Chr. ist auch der Göttervater an die Stelle der Muttergöttin als Großraubtier-Gottheit getreten. Dadurch wurden die Panthermänner zu dem „Heer des Sonnengott-Göttervaters".

Zusammenfassung

Die Panthermänner gehörten ursprünglich zu der Panther-Göttin. Nach dem Entstehen der indogermanischen Hirtenvölker in der südrussischen Ebene ab 6.000 v.Chr. und der Entstehung des Königstums um 3.250 v.Chr. in Ägypten wurde nach und nach der Sonnengott-Göttervater zu der obersten Gottheit, was dazu führte, daß die Panthermänner der Göttin allmählich zu den Pantherkriegern des Göttervaters wurden.

e) Shaolin

Die buddhistischen Mönche befanden sich allgemein in einem Dilemma: Sie wollten ihrem Glauben gemäß gewaltfrei leben, aber mußten sich immer wieder gegen Räuber wehren, die ihren Besitz rauben und ihre Tempel und Klöster plündern wollten. Als Lösung erfanden sie schließlich die waffenlose Verteidigungskunst, die sie durch ihre Erfahrungen im Lenken der Lebenskraft, die sie in ihren Meditationen gewonnen hatten, schließlich auf ein so hohes Niveau brachten, daß sie in der Regel auch zur Selbstverteidigung gegen bewaffnete Gegner ausreichte.

Der Name „Shaolin" bedeutet „Tempel im Wald am Berg Shaoshi". Mit diesem Namen wird sowohl das Kloster in Westchina, der Mönchsorden und seine Mitglieder bezeichnet.

Generell sind die Kampfkünste in China schon vor den Shaolin-Mönchen bekannt gewesen – aber sie sind durch die Shaolin deutlich weiterentwickelt worden.

Das Shaolin-Kloster wurde um 496 n.Chr. durch den indischen Mönch Batuo mithilfe einer Spende des chinesichen Kaisers Xiao Wen errichtet. Batuo hat dort zunächst vor allem buddhistische Sutren übersetzt, wodurch dieser Ort bald sehr berühmt wurde.

Um 527 n.Chr. hat der indische Mönch Bodhidharma, der der 28. Patriarch des Mahayana Buddhismus und der Gründer des Zen-Buddhismus war, in dem Shaolin-Kloster die Kampfkunst gelehrt, die dann im Laufe der Zeit zu der Shaolin-Kampfkunst weiterentwickelt worden ist.

Um 1600 n.Chr. gab es eine 2500 Mann starke Shaolin-Armee im Kloster. Das Kloster und sein Tempel wurde mehrmals zerstört, geplündert und wieder aufgebaut – das letzte Mal 1928 in einem Krieg zwischen verschiedenen Fürsten in dieser Gegend.

Wie fast überall ist auch hier die Echtheit vieler früher Hinweise auf eine

Kampfkunst umstritten, sodaß die Entstehung der Shaolin-Kampfkunst nicht sicher rekonstruiert werden kann. Erst ab 1550 gab es sicher eine Shaolin-Kampfkunst, die von Männern aus ganz China in dem Shaolin-Kloster studiert worden ist – es muß zu dieser Zeit folglich schon eine längere Tradition gegeben haben, in der sich dieses hohe Niveau, das so viele Männer aus ganz China angezogem hat, entwickelt hatte.

Es gibt ein zweites Shaolin-Kloster in Südchina, das von Mönchen des nördlichen Tempels gegründet worden ist. Dieses Kloster ist der Ursprungsort der Kampftechnik „Wing Chun". Wo dieses Kloster einst gelegen hat, ist unbekannt.

Mao Tse Tung ließ die Mönche 1949 in Ruhe. Nach der Kulturrevolution 1966 wurde es jedoch zerstört und aufgelöst – damals flohen viele Mönche in andere Länder und haben dort neue Shaolin-Tempel gegründet. Ab 1982 wurde das Shaolin-Kloster in China wieder zugelassen und neu aufgebaut.

2001 wurde die vielen Kampfschulen rings um das Kloster, die sich nicht an die Shaolin-Regeln hielten, in andere Gegenden umgesiedelt, um das Shaolin-Prinzip rein zu erhalten.

In dem Shaolin-Kloster fanden seit jeher Treffen bekannter buddhistischer Meister statt.

Heute ist das Shaolin-Kloster einer der am meisten besuchten Orte in China. Entsprechend seiner buddhistischen Philosophie ist das Kloster auch vorbildlich in Bezug auf die Ökologie.

Die Kampfkunst der Shaolin wird „Shaolinquan", d.h. „Shaolin-Faust" genannt. Es wird immer wieder betont, daß der Zen-Buddhismus an erster Stelle steht und daß die Kampfkunst nur ein Hilfsmittel ist. Diese Kampfkunst wird auch „Shaolin Kung Fu", d.h. „mühsam erlernte Shaolin-Fähigkeit" genannt – Übung ist im „Shaolin Kung Fu" sehr wichtig.

Das Shaolin hat vier Grundlagen: den Zen-Buddhimus, die Kampfkünste, die buddhistische Kunst und die Traditionelle Chinesische Medizin („TCM"). Im Laufe der Zeit wurden jedoch auch Elemente des Konfuzianismus und des Taoismus integriert.

Die Traditionelle Chinesische Medizin ist eine der Grundlagen für die Bewegungsabläufe. Dabei werden dynamische und statische Formen des Körpers unterschieden. Diese werden weiterhin in harte (Yang) und weiche (Yin) Bewegungen unterteilt. Es wird nach möglichst natürlichen und daher kraftvollen und effektiven Bewegungen des Körpers gestrebt.

Die Shaolin-Kämpfer zeichnen sich durch mehrere Merkmale aus: Sie besitzen eine große Körperkraft, vollführen unmöglich erscheinende Bewegungen, beherrschen extrem hohe Sprünge, haben Fertigkeiten im Stockkampf und seltener auch im Schwertkampf, können eine Steinplatte auf ihrem Bauch zerschlagen lassen, verbiegen Metallstangen mit ihrem Hals, haben so starke Halsmuskeln, daß sie sich am Hals aufhängen lassen können, können eine Nadel durch eine Glasscheibe schleudern usw.

Es gibt drei Bereiche der Kampfkunst:

1. Grundlagen („jiben gong"): Ausdauer, Beweglichkeit, Gleichgewicht;

2. Lebenskraft-Übungen (qi gong): innere, ruhende Meditation und äußere, bewegte Meditation; die 71 Künste – 36 weiche (Yin) und 36 harte (Yang);

3. Kampfübungen („qanfa"): ohne und mit Waffen sowie ohne Waffen gegen Bewaffnete.

Ab spätestens 1650 gab es:

- 72 Übungen: Schläge, Tritte, Würfe, Griffe; Anregungen bzw. Schädigungen von 40 Körperpunkten, die fast alle mit den Chakren und Nebenchakren übereinstimmen und sozusagen das Gegenstsück zur heilenden Akupunktur sind;

- 10 Regeln (Kampfkunst-Tugenden),

- 5 Tierstile, die insgesamt 170 verschiedene Bewegungen enthalten und die die z.T. durch medizinische Forschungen in der TCM entwickelt worden sind:

- Drache („long"): geistige Entwicklung

- Schlange („she"): Dehnungsübungen

- Tiger („hu") = Stärkung von Knochen und Muskeln

- Leopard („pao") = Schnelligkeit, Koordination, Ausdauer

- Kranich („he") = allgemeine Kräftigung, Vitalitätssteigerung

- 18 Handhaltungen (Diese Mudras finden sich im Shaolin und auch bei Milarepa, aber haben verschiedene Funktionen: Im Shaolin dienen sie dem physischen Kampf; bei Milarepa dienen sie nur der Lebenskraft-Lenkung.)

- verschiedene Methoden zur Transformation der Sehnen

- Atemtechniken

- Selbstdisziplin

- Förderung der inneren Stärke

<u>Zusammenfassung</u>

Die Shaolin-Kampfkunst ist ursprünglich eine waffenlose Selbstverteidigung der buddhistischen Mönche gewesen, die höchstens einen Stock als Waffe benutzt haben, um nicht ihr Prinzip der Gewaltlosigkeit zu verletzen.

Durch die in ihren Meditationen erlernte Lenkung der Lebenskraft konnten sie ihre physische Kraft, Schnelligkeit und Präzision in sehr großem Maße steigern.

f) Karate

Der Name „Karate" bedeutet „leere Hand" und weist darauf hin, daß im Karate keine Waffen verwendet werden.

Das Karate ist um ca. 1500 n.Chr. auf den kleinen Okinawa-Inseln am Süd-Ende von Japan durch die Verbindung von traditionellen und chinesischen Methoden entstanden. Aufgrund von Verboten von Waffen und auch von Karate wurden die Karate-Bewegungen in Tänze eingebaut, die dann wie ein wenig seltsame traditionelle Tänze wirkten und unentdeckt blieben. Dasselbe Verfahren haben auch die afrikanischen Sklaven in Amerika mit ihren Kampftechniken gemacht, die sie in den Capoeira-Tänzen versteckt haben.

Ab 1875 wurde Karate offiziell wieder erlaubt und hat sich dann ab 1900 auf ganz Japan verbreitet. Zu dieser Zeit ist in Japan auch eine nicht-kämpferische, rein fitness-mäßig orientiere Schulsport-Version des Karate entwickelt worden. Erst ab ca. 1930 erscheint aus japanisch-nationalistischen Gründen der Name „leere Hand" statt des älteren „chinesische Hand", der auf den Ursprung dieser Kampftechnik in China hinwies. Ab 1950 wurde Karate schließlich weltweit bekannt.

Die Grundlage sind Schläge, Stöße und Tritte, weiterhin Abblockungs-Methoden und Fußfegetechniken. Fortgeschrittene lernen auch einige Hebeltechniken, Würfe und Würgegriffe, die jedoch nicht charakteristisch für Karate sind. Die Kenntnis und Nutzung von Nervenpunkten, Chakren und Nebenchakren sind auch den Fortgeschrittenen vorbehalten. Das markanteste Merkmal von Karate ist das Zerschlagen von Brettern, Ziegelsteinen u.ä. mit der Hand.

Karate ist stärker auf die physischen Fähigkeiten als auf die Lenkung der Lebenskraft ausgerichtet als die Shaolin-Methoden. Das Karate hat auch keinen magisch-religiösen Hintergrund, sondern war ursprünglich im Wesentlichen eine Selbstverteidigungskunst der Bauern auf Okinawa. Ihre Ursprünge werden gerne auf die Shaolin-Kampfkunst zurückgeführt, was zwar denkbar, aber keinesfalls sicher ist.

Karate ist häufig mit Zen und Taoismus assoziiert worden, aber diese Weltanschauungen sind keine spirituell-magische Grundlage des Karate, sondern zwei Haltungen, die das Karate gut ergänzen können.

Im Karate sind die „20 Regeln" populär, die vermutlich von buddhistischen Mönchen in Indien aufgestellt worden sind und auch für die Shaolin-Kampfkünste gelten. Diese „20 Regeln" sind:

1. Karate beginnt mit Respekt und endet mit Respekt.

2. Im Karate gibt es keinen ersten Angriff.

3. Karate ist ein Helfer der Gerechtigkeit.

4. Erkenne zuerst Dich selbst, dann den anderen.

5. Die Kunst des Geistes kommt vor der Kunst der Technik.

6. Es geht einzig darum, den Geist zu befreien.

7. Unglück geschieht immer durch Unachtsamkeit.

8. Denke nicht, daß Karate nur im Dōjō stattfindet.

9. Karate üben heißt, es ein Leben lang zu tun.

10. Verbinde Dein alltägliches Leben mit Karate, dann wirst Du geistige Reife erlangen.

11. Karate ist wie heißes Wasser, das abkühlt, wenn Du es nicht ständig warm hältst.

12. Denke nicht an das Gewinnen, doch denke darüber nach, wie man nicht verliert.

13. Wandle Dich abhängig vom Gegner.

14. Der Kampf hängt von der Handhabung des Treffens und des Nicht-Treffens ab.

15. Stelle Dir Deine Hand und Deinen Fuß als Schwert vor.

16. Sobald man vor die Tür tritt, findet man eine Vielzahl von Feinden vor.

17. Feste Stellungen gibt es für Anfänger, später bewegt man sich natürlich.

18. Die Kata (Übung) darf nicht verändert werden, im Kampf jedoch gilt das Gegenteil.

19. Hart und weich, Spannung und Entspannung, langsam und schnell, alles

in Verbindung mit der richtigen Atmung.

20. Denke immer nach und versuche Dich ständig an Neuem.

Eine wichtige Übung eines Karateka und auch aller anderen Übenden einer Kampfkunst ist das Auflösen der Angst vor dem Tod – u.a. weil man nur dann wirklich gelassen und effektiv kämpfen kann. Dies ist eine fortgeschrittene Form des buddhistischen „nicht-Anhaftens".

Zusammenfassung

Das Karate ähnelt dem Shinto, ist aber stärker auf Schläge, Stöße und Tritte ausgerichtet und hat einen deutlich geringeren spirituell-magischen Hintergrund.

Allerdings können die spektakulären Leistungen wie das Zerschlagen von Brettern mit der bloßen Hand recht sicher nur dann vollbracht werden, wenn man auch die Lebenskraft lenken kann.

---

g) Systema

Die Systema ist eine in der Stalinzeit (1927-1953) entwickelte russische militärische Einheit, die dem Auslandsnachrichtendienst (GRU) untersteht und in der Telepathie und Telekinese geübt werden. Sie ist aus den verschiedensten ostasiatischen Kampfkunststilen heraus entwickelt worden – nach dem Motto „Was funktioniert, wird übernommen."

Ihr liegt keine Weltanschauung zugrunde, sondern nur pragmatisch-militärische Experimente. So wird z.B. trainiert, im völlig Dunklen telepathisch Farben zu erkennen oder telekinetisch Fernstöße auszuüben. Naturgemäß finden sich hier auch die verschiedensten Dominanz-Übungen, die z.T. wie wortlose Hypnose wirken.

Ehemalige Mitglieder der Systema bilden inzwischen auch Interessierte im Westen aus.

Zusammenfassung

Die russische Systema-Kampfkunst ist eine Weiterentwicklung der ostasiatischen Kampfkünste, die auch ausgiebig telepathische, telekinetische, hypnotische und ähnliche Elemente verwendet.

---

h)   Ergebnisse

Zusammenfassung

Es lassen sich vier Wurzeln der Kampfmagie unterscheiden:

1. Die Weiterentwicklung der Jagdzauber-Ekstase erst zu der schamanischen Ekstase und dann weiter zur Kampfekstase. Diese Wurzel ist mit der Großraubtier-Symbolik und mit der Ekstasetechnik einschließlich der Erweckung der Kundalini verbunden. Sie benutzt ausgiebig die Lenkung der Lebenskraft als Methode.

2. Die Selbstverteidigungsmethoden der buddhistischen Mönche, die aufgrund ihres Prinzips des Gewaltverzichts sich auf in der Regel waffenlose und rein defensive Weisen gegen Räuber gewehrt haben. Diese Methoden sind aufgrund der Erfahrungen der Mönche mit dem Lenken der Lebenskraft, die aus ihren Meditationen stammen, sehr effektiv.

3. Die Einsgerichtetheit der Mönche in monotheistischen Religionen bzw. in Religionen, in denen die Einsgerichtetheit vor einem anderen Hintergrund gelehrt wird wie z.B. im Buddhismus.

4. Die Magie-Tradition allgemein.

Die ältesten Magie-Gemeinschaften sind die Jäger, die gemeinsam vor einer Jagd einen Jagdzauber aufgeführt haben. Dieselbe Form von Gemeinschaft hat sich auch bei den Schamanen gebildet. Später traten an die Stelle der Schamanen die Priester-Gemeinschaften und die Mönchs-Gemeinschaften. Aus diesen spirituell-magischen Gemeinschaften und den Krieger-Verbänden haben sich dann schließlich Bünde von Magie-Kriegern entwickelt. Die Übergänge zwischen den Schamanen-Gruppen, Priester-Gemeinschaften, Mönchs-Gemeinschaften und Krieger-Verbände sind recht fließend – es gibt hier fast alle denkbare Mischungen von Meditation, Magie und Militär mit den verschiedensten Schwerpunkten.

Die Ekstase-Techniken finden sich vor allem in Nordwest-Europa bei den Germanen und Kelten – die meditativen Methoden hingegen vor allem in Ostasien. Die westlichen Magier-Orden spielen in dieser Entwicklung so gut wie keine Rolle.

III Magische Kraft im Kampf

Die Lenkung der Lebenskraft ist in der Kampfmagie bzw. allgemeiner gesagt in der aggressiven Magie ein wesentliches Element.

- - -

Es lassen sich vier Arten von Kampfkunst unterscheiden. Diese Differenzierung beruht auf der Frage, ob die Betreffenden physisch-körperlich handeln oder nicht, und darauf, ob sie die Lenkung der Lebenskraft nutzen oder nicht.

- Die rein körperliche Kampfkunst benutzt nur die physische Kraft – wobei man auch hier von einer hohen Konzentrationsfähigkeit bis hin zur Einsgerichtetheit ausgehen kann.

Die Methoden, die sowohl die physische Kraft als auch ihre Verstärkung durch die Lenkung der Lebenskraft benutzen, umfassen die meisten fernöstlichen Kampfkunstmethoden wie z.B. das Shaolin Kung Fu und das Karate.

Die Kampftechniken, die nur die Lenkung der Lebenskraft verwenden, sind eher selten. Sie sind sozusagen der harte Kern der Kampfmagie. Sie verwenden Telepathie bis hin zur Hypnose sowie Telekinese bis hin zu Fernstößen.

Die Methoden, die weder physische Techniken noch die Lenkung der Lebenskraft verwenden, sind entweder hilflose Menschen, die sich nicht zu wehren wissen, oder Weise, die so sehr in sich selber ruhen und einen solch tiefen Frieden in sich tragen, daß sie von niemandem mehr angegriffen werden.

die vier Methoden des Kämpfens			
		physische Methoden	
		ja	*nein*
Lebenskraft-Methoden	*ja*	Shinto u.ä.	kontaktlose Kampfmagie
	nein	rein physischer Kampfsport	Narr oder Weiser

In diesem Kapitel werden die Kampfkunst-Techniken betrachtet, die entweder Körper und Lebenskraft benutzen oder die ganz auf die Lenkung der Lebenskraft vertrauen.

1. Angriff

Eine mögliche Methode ist die Verstärkung des Lebenskraft-Flusses in sich selber. Diese Methode findet sich bei den „Wolfskriegern" der Indogermanen, insbesondere bei den Berserker und Ulfhedin der Germanen und bei den Ekstase-Kriegern der Kelten. Dabei wird die Kundalini erweckt und ihre Lebenskraft-Intensität zum Kampf benutzt.

Bei den Germanen finden sich Motive der Kundalini-Erweckung auf dem Goldhorn von Gallehus und bei den Kelten findet sich eine Beschreibung der Kundalini-Erweckung in dem irischen Nationalepos „Der Rinderraub von Cuailgne", in der der Halbgott Cú Chulainn seine Kundalini vor einem Kampf erweckt.

Das Entziehen von Lebenskraft von einem anderen Menschen, das oft „Lebens-kraft-Vampirismus" genannt wird, ist eine Methode, mit der man andere schwächen kann. Man übernimmt mit dieser Lebenskraft allerdings auch die Eigenschaften dessen, von dem man sie abzieht – z.B. den Alkoholismus. Zu dieser Methode hat man allerdings kaum während des Kampfes Zeit, sondern eher vorher.

Die Fernstöße, bei denen man einen Menschen mit einem Schlag auf Distanz trifft ohne ihn zu berühren, ist eine spezielle Methode, die aus den fernöstlichen Kampf-techniken stammt.

Das Verwenden von Analogie-Magie wie z.B. von Voodoo-Püppchen des Gegners oder die Verwendung eines Spiritus familiaris, um einem Gegner zu schaden, finden vor dem Kampf statt – sie zählen zu den Schadenszaubern.

Dasselbe gilt auch für Flüche und für die Fernhypnose, bei der man eine nicht an-wesende Person hypnotisiert und lenkt.

Alle vier Methoden – also Voodoo-Püppchen, Spiritus familiaris, Flüche und Fern-hypnose – sind sich letztlich sehr ähnlich: Man konzentriert sich darauf, einem ande-ren Schaden zuzufügen und benutzt dabei verschiedene Hilfsmittel, um die Konzen-tration zu erhöhen und die Imagination zu verbessern.

Zusammenfassung

Bei den Angriffstechniken gibt es vier verschiedene Vorgehensweisen:

- Stärkung der eigenen Lebenskraft (Ekstase, Kundalini erwecken)
- Schwächung der Lebenskraft des Gegners (Lebenskraft-Vampirismus)
- telekinetischer Lebenskraft-Angriff (Fernstöße)
- Schädigung des Gegners (Voodoo-Püppchen, Spiritus familiaris, Flüche, Fernhypnose)

2. Verteidigung

Hier kann man zwei Methoden unterscheiden. Die erste ist der Aufbau eines allgemeinen Schutzes. Er besteht zum einen aus der Abgrenzung und zum anderen aus der Entwicklung einer ständigen Dominanz-Haltung.

Die Abgrenzung kann man mithilfe eines Schutzkreises oder mithilfe des Pentagramm-Rituals üben.

Ein wichtiger Teil besteht darin, daß man sich nicht in das System eines anderen hineinziehen läßt – weder im Lebensgefühl noch in Gespräche oder Handlungen. Dies kann man zum einen durch eine große Selbstgewißheit erlangen (das ist der friedliche Weg) oder durch eine große Dominanz (das ist der aggressive Weg).

Durch diese beiden Ansätze kann man einen soliden Schutzraum um sich selber her aufbauen. Dies ist allerdings etwas, wofür man ein gewisses Talent benötigt – und ein passendes Horoskop. Wenn man in seinem Horoskop vor allem eine Betonung von Waage, Zwillinge, Fische und ähnlich fließenden und Du-orientierten Tierkreiszeichen hat, ist das dominante Abgrenzen schwierig und wahrscheinlich nicht die richtige Methode für den Betreffenden. Eine starke Betonung von Skorpion, Steinbock, Löwe und ähnlich starken bzw. sturen Tierkreiszeichen erleichtert hingegen den Aufbau eines dominanten Schutzkreises.

Manche Magiern, die ein großes Talent für diese Haltung haben und sie zudem oft geübt haben, füllen jeden Raum aus, den sie betreten, und es ist schwer, in ihrer Gegenwart etwas anderes zu denken, zu sagen oder zu tun als das, was sie wollen.

Diese Fähigkeit braucht man natürlich auch, wenn man beim Militär einen höheren Dienstgrad erreichen will. Kinder würden sagen, daß solch ein Mensch ein „Bestimmer" ist.

Die Alternative zu dieser Dominanz-Haltung ist das Anstreben eines tiefen inneren Friedens, der dann dazu führt, daß man gar nicht mehr angegriffen wird.

Die zweite Gruppe von Methoden besteht aus Maßnahmen, durch die man sich gegen einen speziellen Angriff schützt.

Dafür ist es natürlich zunächst einmal notwendig, daß man den Angriff bemerkt – oder daß man gerade in das System eines anderen hineingezogen wird. Dann kann man sich die eigene Unabhängigkeit wieder bewußt machen. Hierzu gibt es viele Methoden: Man kann das, was der andere sagt, auf einen imaginären Tisch zwischen sich und den anderen legen. Man kann sich auch bewußt machen, daß alles, was ein anderer sagt, stets nur etwas darüber aussagt, wie der andere die Welt sieht und was er will. Schließlich kann man üben, stets eine kleine Besinnungs-Pause einzulegen, wenn man etwas wahrnimmt, und nicht sofort reflexartig zu handeln – diese kurze Pause ermöglicht, daß das Ich bewußt in das Geschehen eingreift und die eigenen

Handlungen nicht nur von außen her durch andere gesteuert werden.

Als Schutz gegen Lebenskraft-Vampire kann man z.B. die Lebenskraft-Verbindung zwischen sich und dem „Vampir" durchtrennen oder sich selber als in einem Kristall sitzend imaginären. Generell ist bei konkreten Angriffen ein starkes Hara förderlich, da dies einen festen Stand gibt. Wenn das Hara übertrieben stark ist, wird man dominant. Noch wichtiger ist jedoch das Ruhen in dem eigenen Herzchakra, in dem die eigene Identität begründet ist.

Um das spezielle Verteidigen zu üben, kann man sich zu zweit voreinander setzen und versuchen, sein Gegenüber wortlos zu hypnotisieren. Jeder der beiden versucht den anderen mit den verschiedensten Bildern einzuschläfern – den anderen als müde imaginieren, ihn in ein dunkles Tuch hüllen, seine Kundalini abstellen, seine Augen zu schließen, ihm sein inneres Licht ausschalten usw. Dabei muß man gleichzeitig aktiv und wachsam sein, damit man einerseits mitbekommt, was der andere macht und sich wehren kann, und andererseits auch selber die Initiative ergreifen kann.

Dieser „Zauber-Wettstreit" ist zwar zunächst einmal recht harmlos, aber er ist sehr nützlich, um ein Gefühl dafür zu bekommen, wie sich Bewegungen in der Lebenskraft anfühlen und wie man sie selber bewegen kann. Sehr wahrscheinlich wird man bald erkennen, welche Bilder der andere imaginativ benutzt und wie man sich gegen dieses Bild wehren kann.

Zusammenfassung

Die Verteidigung besteht zum einen aus dem allgemeinen Schutz, den man übt, sowie entweder der Haltung der Dominanz oder der Haltung des in-sich-Ruhens und zum anderen aus den speziellen Abwehrmethoden, die sich gegen einen konkreten Angriff richten.

3. Die Vervielfältigung der Körperkraft durch Telekinese

Die Steigerung der Körperkraft durch die Lebenskraft-Lenkung ist etwas, was man letztlich nicht beschreiben kann – man kann es nur ausprobieren und erleben und so den „Geschmack" dieser Methode kennenlernen.

Daher folgen hier ein paar einfache Beispiele, die man zu zweit oder zu mehreren durchführen kann.

a) Papierrädchen-Versuch

das Papier-Rädchen

Es gibt einen Versuch, mit dem man die Telekinese direkt nachweisen kann. Man kann ihn bei „youtube" unter dem Stichwort „psi-wheel" finden. Es ist jedoch sinnvoll, den Versuch selber durchzuführen, damit man erlebt, daß er wirklich funktioniert.

Bei diesem Versuch steckt man eine Stecknadel durch ein Stück Pappe und legt beides so auf einen Tisch, daß die Nadelspitze nach oben zeigt.

Dann faltet man ein Stück Papier von der Größe von 3,5cm · 3,5cm, daß es am Ende so wie auf der Abbildung links aussieht. Dann legt man das Papier-Rädchen mit seiner Mitte auf die Nadelspitze, sodaß es dort ruhig liegt und mit einem sehr geringen Kraftaufwand gedreht werden kann.

Schließlich hält man seine Hände neben das Papierrädchen und stellt sich vor, daß Papier-Rädchen zu drehen.

Dieser Versuch läßt sich nur durch Telekinese erklären.

79

b) Smilie-Versuch

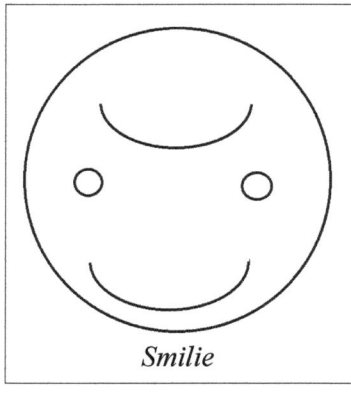

Smilie

Für den „Smilie-Versuch" braucht man ein Blatt Papier, auf das der links abgebildete „Smilie" gezeichnet wird. Dieses Blatt mit der Zeichnung wird so an den Rand eines Tisches gelegt, daß ein Mensch, der vor dem Tisch steht, dieses Bild (wie links abgebildet) sieht.

Nun stellt sich Person A vor den Tisch und breitet seine Arme nach links und rechts wie ein „T" bzw. wie ein Kreuz aus. A soll bei den folgenden Versuchen seine Arme möglichst in dieser Haltung halten und sie nicht ändern.

Person B stellt sich hinter A und legt ihre rechte Hand auf den rechten Ellenbogen von A und ihre linke Hand auf den linken Ellenbogen von A.

A blickt auf den Smilie und B drückt auf die Ellenbogen von A. Nichts passiert – B kann sich auf die Ellenbogen von A aufstützen und seine Füße in der Luft baumeln lassen.

umgedrehtes Smilie

Nun wird das Smilie umgedreht (siehe die Abbildung links) und der Versuch in derselben Weise wiederholt – und die Arme von A klappen kraftlos nach unten. A ist nicht in der Lage, seine Arme oben ausgestreckt zu halten.

Was ist hier passiert? Offensichtlich hat der Blick auf das Bild eine größere Wirkung auf A als der bewußte Entschluß von A, seine Arme oben zu halten.

c) Hepp-Versuch

Person A legt sich mit dem Bauch auf die Erde und legt ihre Arme neben ihren Körper oder neben ihren Kopf. Person B legt sich mit ihrem Bauch quer über die Waden von Person A. Beide Personen zusammen sehen nun ungefähr wie ein „T" aus.

80

Person A versucht nun, Person B mit ihren Beinen hochzuheben – was in aller Regel nicht gelingen wird. Dabei sollte Person A auf ihre Beinen achten und sich nicht durch eine verbissene Überanstrengung eine Muskelzerrung zuziehen.

Dann stellt sich Person A vor, daß von ihrem Kopf bis in ihre Füße ein weißer Lichtstrahl fließt, der sich in ihrem Gesäß in zwei Strahlen aufteilt. Dann stellt sich Person A vor, daß Person B nur ein kleines Kissen ist, das leicht wie ein Federwölkchen ist. Nun sagt Person A innerlich „Hepp!" und hebt dabei Person B mühelos mit ihren Waden hoch – und Person B wird aller Wahrscheinlichkeit nach mit einigem Schwung über den Rücken von Person A kullern …

Es gibt einige Fälle mit vielen Augenzeugen, in denen ein Mensch einen Gegenstand hochgehoben hat, der so schwer ist, daß ihm dies normalerweise vollkommen unmöglich gewesen wäre. Ein solcher Fall ist z.B. die Mutter, die einen LKW anhebt, um ihr Kind, das halb unter eines der Räder des LKWs geraten ist, zu befreien.

Ein ähnlicher Fall ist das Kinderspiel „sich schwer machen". Durch dieses „sich schwer machen" wird es sehr schwierig bis unmöglich, das betreffende Kind hochzuheben. Diese Methode wird gelegentlich auch in der Kampfkunst angewendet. Was die Kinder bzw. die Kämpfer dabei innerlich tun, läßt sich kaum beschreiben – sie wollen schwer sein und sind es dann auch. Diese Technik wird z.B. im Aikido verwendet.

d) Drachenklauen-Versuch

A stellt sich aufrecht hin und streckt seinen rechten Arm gerade vor sich aus – die Handfläche nach oben. B streckt ihm den eigenen rechten Arm gerade entgegen – die Handfläche nach unten.

B legt seine Hand auf den Ellbogen von A und versucht, den Arm von A hinunter zu drücken – vergeblich.

Dann hebt B seinen rechten Arm in die Höhe, ballt seine Finger zur Faust, streckt seinen Zeigefinger nach oben aus, krümmt ihn und stellt sich vor, daß sein Zeigefinger eine Drachenklaue ist. Dann drückt er mit seinem Zeigefinger A leicht auf die Stelle zwischen den Augenbrauen („Drittes Auge").

Nun halten A und B ihre ausgestreckten Arme wie zuvor – und B drückt den Arm von A mühelos nach unten.

e) Shaolin-Versuch

Für den „Shaolin-Versuch" wird eine Tischplatte, ein Zaunpfahl oder etwas ähnliches gebraucht, das eine glatte Fläche in ungefähr 1,20m Höhe hat.

Person A legt ihre linke Faust auf diese Fläche. Person B und Person C ergreifen das Handgelenk und die Faust von A und halten sie auf der Fläche fest.

Nun blickt A auf seine Faust, die von B und C festgehalten wird, und versucht sie fortzuziehen – vergeblich …

Jetzt wird die Versuchsanordnung verändert: A wendet sich von B und C fort und blickt in seine rechte Handfläche, die er mit leicht angewinkelten Arm im Abstand von ca. 40cm vor seine Augen hält – und geht einfach fort und zieht B und C hinter sich her.

Bei diesem Versuch ist die Geste, die den Unterschied macht, das Blicken in die eigene Hand und das „sich nicht um die beiden, die die Faust festhalten, kümmern".

Vermutlich hat Milarapa diese Methode angewendet, als er den Bön-Schamanen Naro Bönchog hinter sich hergezogen hat, als die beiden den Berg Kailash umrundet haben – wie in einem früheren Kapitel berichtet worden ist.

f) Stuhl-Versuch

Es gibt einen einfachen Levitations-Versuch, also „Schwebe-Versuch". Für ihn benötigt man fünf Personen.

Einer setzt sich auf einen Stuhl, die anderen vier stehen um ihn herum. Die vier Personen halten ihre Hände waagerecht mit den Handinnenflächen nach unten nebeneinander, ballen die Finger zu zwei Fäusten und strecken dann nur die beiden Zeigefinger nach vorne, die sich dabei auf der ganzen Länge berühren.

Dann stecken die vier stehenden Personen ihre Zeigefinger unter die beiden Achseln und unter die beiden Kniekehlen des Sitzenden und versuchen ihn hochzuheben – was mit großer Wahrscheinlichkeit nicht gelingen wird.

Als nächstes legen die vier Stehenden ihre Hände übereinander auf den Kopf des Sitzenden und singen zusammen einen Ton – einfach ein „a" auf einer beliebigen Tonhöhe.

Nun wird das Heben des Sitzenden mithilfe der Zeigefinger wiederholt – was nun mühelos gelingt, da der Sitzende kein Gewicht mehr zu haben scheint.

Dieser Versuch entspricht dem Heben des Felsens durch Milarepa und durch Naro Bönchog.

Zusammenfassung

Das Einsetzen der Lebenskraft-Lenkung kann man nicht wirklich erklären, sondern nur erleben. Damit ist ein bestimmtes Gefühl der mühelosen Entschlossenheit verbunden.

g) Ergebnisse

Zusammenfassung

Die Lenkung der Lebenskraft muß durch Experimente und Übung erlernt werden.
Man kann auf diese Weise die eigene Lebenskraft stärken (Ekstase, Kundalini erwecken), die Lebenskraft eines anderen schwächen (Lebenskraft-Vampirismus), einen telekinetischen Angriff durchführen (Fernstöße) und den Gegner schädigen (Voodoo-Püppchen, Spiritus familiaris, Flüche, Fernhypnose).
Die Verteidigung besteht aus dem allgemeinen Schutz (Dominanz oder in-sich-Ruhen) und aus den speziellen Abwehrmethoden, die sich gegen einen konkreten Angriff richten.

IV Methoden

Es stellt sich nun natürlich die Frage, wie man im Lenken der Lebenskraft so effektiv werden kann, daß das einen spürbaren Einfluß auf die eigene Kampfkraft hat.

Hierbei gibt es eine ganze Reihe von Möglichkeiten, wobei das Üben und die Nachahmung bei den meisten Ansätzen eine große Rolle spielen. Menschen lernen am einfachsten durch Nachahmung – das gilt für Erwachsene noch genauso wie für Kinder. Wenn man daher die Möglichkeit hat, einem erfahren Kampfmagier (wie auch immer er sich selber nennen mag) zuzusehen und von ihm Anleitungen zu erhalten, sollte man diese Gelegenheit ergreifen. Das, was man in einem Buch vermitteln kann, ist zwar nicht wertlos, aber mit einer konkreten Erfahrung und mit einem Vorbild können gedruckte Worte niemals mithalten – insbesondere dann, wenn es um Dinge geht, die nicht zu den normalen Alltagserfahrungen zählen.

1. Einsgerichtetheit

Wenn man mithilfe von Magie kämpfen will, gilt dasselbe wie für den Kampf mit dem Körper oder mit Waffen: Man muß es wollen oder man sollte es sein lassen. Wenn man nicht entschlossen ist, wird man verlieren – und es hat wenig Sinn, einen Kampf zu beginnen, ohne ihn gewinnen zu wollen. Es ist eine zweite Frage, was man mit dem Verlierer macht, wenn man gewonnen hat.

Die Entschlossenheit ist die Grundlage für die Einsgerichtetheit: erst wenn man alle Reaktions-Möglichkeiten durchdacht und sich für eine entschieden hat, kann man einsgerichtet werden. Nur wenn man weiß, daß der Weg, den man einschlägt, der derzeit Beste ist, den man sehen kann, und wenn man alle inneren Widersprüche zu dem betreffenden Thema aufgelöst hat, kann die Einsgerichtetheit erreicht werden.

Die Einsgerichtetheit ist wiederum die Grundlage sowohl für ein effektives Vorgehen als auch für das Erlangen der Kampf-Ekstase. Es gibt keine halbherzige Ekstase – weder im Sex noch im Kampf noch in der Meditation.

In Gruppen von Kämpfern – ob im Sport oder im Krieg – sind Anfeuerungs-Reden vor dem Beginn der Auseinandersetzung üblich. Sie fördern die klare Ausrichtung und im Idealfall das Erreichen der Einsgerichtetheit und auch das Gemeinschaftsgefühl.

Derartige Anfeuerungs-Reden und Gemeinschaftsbildungs-Rituale sind auch im Fußball weit verbreitet. Oft gehören zu dieser Zeremonie auch Maskottchen, Slogans, Hymnen u.ä.

2. Chakren, Sushumna und Kundalini

In der Kampfmagie gilt dasselbe wie in der übrigen Magie: Die Zauber wirken am besten, wenn sie von Herzen kommen, d.h. wenn sie in der eigenen Identität gegründet sind und sie zum Ausdruck bringen. Man kann das Herzchakra als den „Tempel der eigenen Seele" auffassen und dieses Chakra auch „Sonnenchakra" nennen, da es das Chakra ist, von dem das ganze Strahlen, die Kraft, die Lebendigkeit, das Lebenwollen und der Selbstausdruck – und im Falle eines Kampfes – auch die Selbstbehauptung ausgehen.

Sobald man Zweifel an sich selber oder an dem eingeschlagenen Weg hat, verliert die eigene Magie beträchtlich an Kraft. Daher ist es im Alltag und in der Magie eine beliebte Methode, den Gegner auf die verschiedensten Weisen zu verunsichern, damit er seine Einsgerichtetheit und damit seine Effektivität verliert.

Das „Ruhen in sich selber" und die unbedingte Selbsttreue sind daher das Fundament der Magie und auch der Kampfmagie.

Wenn die Selbstgewißheit und die Selbsttreue stark und unverletzt sind, strahlt das Herzchakra die Sushumna aus: einen Strahl senkrecht nach unten und einen senkrecht nach oben. Dieser zentrale Licht-Lebenskraft-Strahl bewirkt die innere Stabilität, die sich aus der Selbstgewißheit im Herzchakra ergibt. Die Imagination dieses Strahls im eigenen Körper hat eine große Wirkung: Sie beruhigt, klärt und gibt Halt. Es lohnt sich, diese Imagination auszuprobieren und sie zu üben.

Es sind mit zwar keine Kampfmagie-Methoden bekannt, die sich gegen die Sushumna richten, aber es ist anzunehmen, daß das Stören der Sushumna den Gegner erheblich beeinträchtigen würde.

Von dem unteren Ende der Sushumna am Wurzelchakra aus gibt es eine Lebenskraft-Verbindung zur Erdmitte. Wenn man diese Verbindung imaginiert und dann Lebenskraft aus der Erde heraufruft, regt man das Erwachen der Kundalini an, die u.a. auch die Fortsetzung dieses aufsteigenden Erdfeuers in den eigenen Körper hinein ist.

Entsprechend gibt es auch eine Verbindung vom oberen Ende der Sushumna im Scheitelchakra zur Sonne empor. Wenn man diese Verbindung imaginiert und das Sonnenfeuer („Bindhu") herabruft, fördert das die innere Integration, den Weitblick, die Übersicht und die innere Sicherheit.

An der Sushumna befinden sich oberhalb und unterhalb des Herzchakras jeweils drei weitere Chakren. Auch sie sind für die Kampfmagie von Bedeutung, da in ihnen die eigenen Stärken und Schwächen liegen. Diese Stärke und Schwäche kann man als das Maß an Lebenskraft auffassen, daß sich in ihnen befindet.

Daraus ergeben sich verschiedene menschliche Grundtypen:

- gleichviel Lebenskraft im Wurzelchakra und im Scheitelchakra:
  => sich selber erfüllen

- viel Lebenskraft im Wurzelchakra und
  wenig Lebenskraft im Scheitelchakra:
  => ruheloser Süchtiger

- viel Lebenskraft im Scheitelchakra und
  wenig Lebenskraft im Wurzelchakra:
  => verhärmter Asket

- viel Lebenskraft im Hara und im Dritten Auge:
  => die eigene Kraft tanzen

- viel Lebenskraft im Hara und
  wenig Lebenskraft im Dritten Auge:
  => machtbesessener Täter

- viel Lebenskraft im Dritten Auge und
  wenig Lebenskraft im Hara:
  => ohnmächtiges Opfer

- viel Lebenskraft im Sonnengeflecht und im Halschakra:
  => die eigene Selbstliebe ausstrahlen

- viel Lebenskraft im Sonnengeflecht und
  wenig Lebenskraft im Halschakra:
  => größenwahnsinniger Star

- viel Lebenskraft im Halschakra und
  wenig Lebenskraft im Sonnengeflecht:
  => Fan mit Minderwertigkeitskomplexen

Von diese drei Themen – Fülle, Kraft und Selbstliebe – ist für die Kampfmagie zunächst einmal die Kraft am wichtigsten. Im Idealfall ist sie in einem Kämpfer tatsächlich Kraft und nicht die Macht des Täters oder die Ohnmacht des Opfers, die beide Angst-gelenkt sind.

Doch auch die fehlende Selbstliebe ist ein Problem, da man einen solchen Menschen, der zu Selbstzweifeln neigt, schnell verunsichern und auf diese Weise aushebeln kann. Das gilt sowohl für den sich selber überschätzenden Star als auch für den sich selber unterschätzenden Fan.

Schließlich kann auch die fehlenden Fülle, also das Lebensgefühl des Mangel, ein Angriffspunkt für eine Attacke sein. Sowohl der Süchtige als auch der Asket können nicht in sich selber ruhen, da sie in dem Gefühl leben, daß ihnen etwas fehlt.

Die sechs „gestörten Menschentypen" können leicht angegriffen werden, wenn man ihre Schwäche erkennt. Diese Angriffe können sowohl über Worte und Taten als auch über die Lebenskraft erfolgen.

Manche körperlich schwache Menschen haben gelernt, die Schwachpunkte bei anderen Menschen so schnell zu erkennen, daß sie sie mit ein paar gezielten Sätzen ihren Gegner zusammenbrechen lassen können. Natürlich können das nicht alle körperlich schwache Menschen und das wirkt auch nicht gegen alle Gegner, aber ich habe das schon einige Male bei Menschen erlebt – das ist eine beeindruckende Form der Kampfmagie oder genauer gesagt der psychologischen Kriegsführung.

Die drei „leisen Typen" – also Asket, Opfer und Fan – kann man angreifen, indem man sich selber imaginativ größer macht und sie einschüchtert sowie ihren Verzicht (Asket), ihre Schwäche (Opfer) und ihre Scham (Fan) angreift und das entsprechende Schattenseiten-Chakra mit Lebenskraft „bombardiert": das Wurzelchakra des Asketen, das Hara des Opfers und das Sonnengeflecht des Fans.

Die drei „lauten" Typen – also Süchtiger, Täter und Star – kann man angreifen, indem man die in ihnen verborgenen Schattenseiten weckt: in dem Süchtigen den Asketen, der verzweifelt versucht, ein „Gutmensch" zu sein; in dem Täter das Opfer, das dem Weinen nahe ist; und in dem Star den Fan, der sich für völlig wertlos hält. Wenn diese Schattenseite durch die passenden Worte geweckt werden kann, verliert der Betreffende weitgehend jeglichen Halt. Dann brechen die Gier des Süchtigen, die Wut des Täters und die Überheblichkeit des Stars zusammen. Auch hier kann man die Schattenseiten-Chakren mit Lebenskraft „bombardieren": das Scheitelchakra des Süchtigen, das Dritte Auge des Täters und das Halschakra des Stars.

In dem Chakra, in dem sich der Lebenskraft-Mangel befindet, befindet sich auch das Schattenbild des Betreffenden. Das Wecken dieses Schattenbildes ist das, was den Betreffenden am meisten verunsichern kann: das Bild des Verzichts beim Süchtigen, das Bild der Gier bei dem Asketen, das Bild des Weinens beim Täter, das Bild der Aggression beim Opfer, das Bild der Scham beim Star, und das Bild des Ruhmes beim Fan.

Man kann diese Kenntnisse für Angriffe verwenden, aber man kann sie jedoch auch benutzen, um sich selber zu heilen – und dadurch weitgehend unangreifbar zu werden.

Das ist nicht nur eine Chakra-Theorie, sondern ist ganz konkret und real gemeint. Ich selber bin z.B. während meiner Schulzeit jede Woche mindestens zweimal verprügelt worden und auch danach gab es in meinem Leben immer mindestens einen Menschen, der mich physisch oder psychisch fertig gemacht hat. Erst mit ungefähr 50 Jahren habe ich gelernt, wütend zu werden und meine Kraft wieder spüren und gebrauchen zu können – das war die Heilung meines Opfer-Selbstbildes in meinem Dritten Auge und meines Täter-Schattenbildes in meinem Hara. Seitdem werde ich von niemandem mehr angegriffen.

Das Heilen der polarisierten Lebenskraft-Verteilung in den drei Chakrenpaaren „Wurzelchakra – Scheitelchakra" (Fülle), „Hara – Drittes Auge" (Kraft) und „Sonnengeflecht – Halschakra" (Selbstliebe) ist daher eine sehr solide Grundlage gegen physische, psychische und magische Angriffe.

Ein geschickter Angreifer richtet seine Kanonen immer gegen den schwächsten Punkt der Festung, die er erobern will. Und wenn die Festung keine Schwachpunkte hat, hat er ein Problem … und sucht sich lieber eine andere Festung, die er leichter erobern kann.

3. Grundhaltung

Ein Aspekt der Kampfmagie ist es, den anderen durch Worte und Handlungen zu dem Verhalten zu bringen, das man selber bei dem anderen haben will. Das ist ein Verfahren, daß man u.a. bei Unternehmensleitern, Politikern und Militärs beobachten kann. Man könnte das auch als „Krieg mit Worten" oder als „Manipulation mit Worten" bezeichnen. Auch Beleidigungen und Provokationen gehören zu diesen Methoden.

Gegen diese Form der Angriffe helfen zwei verschiedene Haltungen: zum einen die Dominanz-Gewohnheit und die Widerspruchs-Gewohnheit, also ein starkes Hara, und zum anderen das Ruhen in sich selber, also ein starkes Herzchakra. Dabei ist das starke Herzchakra letztlich die sicherere Methode, da die Selbstgewißheit am besten davor schützt, manipuliert zu werden.

Allerdings ist ein Angreifer mit einem extrem starken Hara unter Umständen so dominant, daß auch jemand, der normalerweise eine solide Selbstgewißheit hat, sich nicht gegen ihn wehren kann.

Generell ist Kampf etwas, wo es immer nur einen Sieger gibt. Und wie schon die Wikinger sagten: „Es gibt immer einen Stärkeren." Kampf ist also immer auch Risiko – egal, wie gut man sich vorbereitet hat und wie gut man in sich selber ruht oder wie dominant man ist.

Daher ist die sinnvollste Grundhaltung, den Kampf zu vermeiden – und wenn er unvermeidbar ist, so gut zu kämpfen, wie man kann. Dafür ist es wiederum notwendig, den Tod nicht zu fürchten, denn die Angst vor dem Tod ist der Punkt, wo ein Magier am heftigsten angreifen und seinen Gegner dann manipulieren kann.

4. Zerstörung

In der Kampfmagie geht es natürlich auch um Verletzung und Zerstörung. Die Zuhilfenahme von Voodoo-Püppchen und die Herstellung eines Spiritus familiaris ist bereits erwähnt worden. Auch die Flüche gehören hierher.

Die Fernhypnose ist ebenfalls für die dunkleren Formen der Magie geeignet: Was passiert, wenn man einem Menschen, der gerade auf der Autobahn fährt, per Fernhypnose Halluzinationen sendet? Glücklicherweise ist schon eine sehr starke Fernhypnose notwendig, um eine solche Wirkung zu erzielen.

Schließlich gibt es noch eine Methode, die man direkt vor dem Kampf oder auch während des Kampfes anwenden kann: das Durchtrennen der Nadis. Die Nadis sind sozusagen „Lebenskraft-Adern". Zu ihnen gehören u.a. die Sushumna und die Akupunktur-Linien. Wenn es einem durch Konzentration und Imagination gelingt, einige wesentliche diese Nadis bei dem Gegner zu durchtrennen, wird dieser deutlich schwächer. Der Angegriffene kann sich jedoch durch die Konzentration auf sein Hara oder auf eine Schutzhülle gegen einen solchen Angriff wehren.

5. Rituale

Rituale müssen entweder vor dem Kampf durchgeführt werden oder sie müssen so sehr geübt worden sein, daß man ihre Wirkung sozusagen mit einem Fingerschnippen wieder wachrufen und aktualisieren kann. Solche Rituale können Schutzrituale wie das Kleine Pentagramm-Ritual, Mars-Anrufungen, Samael-Invokationen und ähnliches sein – also alles Rituale, die entweder den eigenen Schutz oder die eigene Kampfkraft stärken.

6. Meditationen

Es gibt eine große Zahl an Meditationen u.ä., die als Vorbereitung für die Kampf-magie förderlich sind. Zu ihnen zählen:

- Traumreisen zum Mars

- Traumreisen zu dem Mars im eigenen Horoskop

- Traumreisen zu Kriegsgottheiten wie Mars, Ares, Tyr, Sachmet, Morrigan u.ä.

- die Lebenskraft in das eigene Hara atmen

- Traumreisen in die drei Chakrenpaare um evtl. vorhandene Un-gleichgewichte in den Chakrenpaaren zu erkennen und dann auszugleichen (was ein längerer Prozeß ist, da er die Veränderung der eigenen Lebenshaltung bedeutet)

- Meditationen über das eigene Herzchakra (Atemlenkung, Traum-reisen)

Auf diesen Traumreisen kann man sich auch z.B. mit dem Mars identifizieren, d.h. eine Traumreisen-Invokation durchführen. Natürlich kann man auch normale Invoka-tionen des Mars verwenden.

7. Astrologische Quadrate

Ein wichtiger Punkt kann unter Umständen die Beschäftigung mit dem astrologischen Quadrat sein. Dieser Aspekt ist wie eine Zeltstange, die zwei Planen auseinanderhält und dadurch zwischen ihnen einen Raum schafft. Dieser Aspekt ist allerdings auch wie ein Stock, mit dem man jemanden verprügeln kann oder wie ein Schwert, mit dem man kämpfen kann – auch dabei weitet man den eigenen Raum aus.

Das astrologische Quadrat ist daher eng mit dem Hara, d.h. mit dem eigenen Standpunkt, und mit dem Dritten Auge, d.h. mit der Orientierung in der Umwelt, verbunden. Bei einer Betonung des Haras neigt man dazu, telekinetische Fähigkeiten zu erwerben und seine Umwelt magisch prägen zu können. Bei einer Betonung des Dritten Auges neigt man hingegen dazu, telepathische Fähigkeiten zu erwerben und seine Umwelt wahrnehmen zu können.

Da es leicht einzusehen ist, daß man für ein effektives Handeln am besten sowohl wahrnehmungsfähig als auch handlungsfähig sein sollte, ist es erstrebenswert, beide Chakren im Gleichgewicht zu haben, d.h. keinen Lebenskraft-Stau in dem einen Chakra und einen Lebenskraft-Mangel in dem anderen Chakra zu haben. Es hat wenig Sinn, alles zu sehen, aber nichts tun zu können – und genauso wenig Sinn hat es, sich durchsetzen zu können, aber keinen Plan zu haben …

Von dieser Ineffektivität einmal abgesehen bedeutet ein Lebenskraft-Stau im Hara auch, daß man die Extrem-Rolle des machthungrigen Täters einnimmt, und ein Lebenskraft-Stau im Dritten Auge bedeutet, daß man die Rolle des ohnmächtigen Opfers einnimmt. Das ist beides sicherlich nicht erstrebenswert.

Die Quadrate im eigenen Horoskop zeigen die „wunden Punkte" im eigenen Charakter. Man kann zunächst einmal schauen, welche Planeten an einem Quadrat beteiligt sind. Bei einer Unausgewogenheit ist der äußere der beiden Planeten in einem Quadrat der dominante Planet (er steht astronomisch gesehen weiter von der Sonne entfernt). Das bedeutet, daß der Pluto sich gegen jeden anderen Planeten durchsetzt und daß der Mond immer der Planet ist, der unterlegen ist. Diese Dominanz-Folge der Planeten ist: Pluto > Neptun > Uranus > Saturn > Jupiter > Mars > Sonne > Venus > Merkur > Mond. Eine Ausnahme bilden Planeten, die im 1. Haus stehen – sie können nicht unterdrückt werden, da sie ständig aktiv sind.

Solange man noch nicht zu einem vollkommenen inneren Frieden gefunden hat, besteht die Tendenz, daß sich in einem Quadrat der äußere der beiden Planeten gegen den inneren Planeten durchsetzt und ihn unterdrückt. Dadurch entsteht in dem betreffenden Menschen ein Mangel, eine Schwäche oder ein Selbstzweifel.

Das Thema dieser inneren Spannung kann man an dem astrologischen Haus erkennen, in dem der innere Planet steht. Bei einem Quadrat z.B. von dem Saturn im 11. Haus zu dem Mond im 2. Haus sind die Probleme die Themen des 2. Hauses: Liebe zum eigenen Körper, Gesundheit, Ernährung, Heilung, Körperpflege, Kleidung, Wohnung, Innenarchitektur, Architektur und Geld. Hier werden bei einem solchen Quadrat wahrscheinlich Krisen auftreten.

Die Art der Krise läßt sich anhand des inneren Planeten erkennen (Pluto kann kein innerer Planet sein):

> -Mond, Jupiter und Neptun führen zu einem Wurzelchakra/Scheitelchakra-Problem, d.h. zu Mangel;
> - Merkur, Mars und Saturn führen zu einem Hara/Drittes Auge-Problem, d.h. zu Angst;
> -Venus, Sonne und Uranus führen zu einem Sonnengeflecht/Halschakra-Problem, d.h. zu Selbstzweifeln.

Ob man dabei „zu laut" wird und einen Lebenskraftstau in einem der drei unteren Chakren entwickelt und zum Süchtigen (Wurzelchakra), zum Täter (Hara) oder zum eingebildeten Star (Sonnengeflecht) wird, oder ob man „zu leise" wird und einen Lebenskraftstau in einem der drei oberen Chakren entwickelt und zum Asketen (Scheitelchakra), zum Opfer (Drittes Auge) oder zum unterwürfigen Fan (Halschakra) wird, läßt sich nur im Einzelfall sagen.

In einem solchen Quadrat herrscht zunächst in sehr vielen Fällen erst einmal ein innerer Krieg: Man kämpft gegen sich selber – der äußere Planet versucht den inneren Planeten zu unterwerfen und im Extremfall auszulöschen. Das führt dann dazu, daß der innere Planet völlig unterentwickelt und im Leben des Betreffenden unterrepräsentiert ist. Das astrologische Haus, in dem dieser innere Planet steht, ist dann der wunde Punkt in der Stadtmauer des Betreffenden, an dem ein Gegner angreifen und leicht gewinnen kann.

Es geht folglich darum, daß der Betreffende zunächst einmal erkennt, daß er gegen sich selber Krieg führt. Wenn die Einsicht gewonnen ist, daß dies der Fall ist, ergibt sich mehr oder weniger von selber das Bestreben, zwischen den beiden betroffenen Planeten einen Waffenstillstand abzuschließen. Anfangs wird dieses interne Abkommen, durch das beide Planeten ihre Daseinsberechtigung und ihre Lebensberechtigung erhalten, noch wackelig sein, aber mit der Zeit wird sich eine allgemeine Entspannung entwickeln.

Wenn der Betreffende dann zu erkennen lernt, wann welcher der beiden Planeten aktiv werden sollte, wird aus dem Waffenstillstand ein kooperativer Frieden: Der Betreffende versteht die beiden Planeten in ihren jeweiligen Häusern immer besser und kann erkennen, wann in seinem Leben welches Häuser-Thema gerade wichtig ist. Dabei sollten beiden Planeten und ihre Häuser-Themen genügend Raum erhalten – nicht unbedingt genau gleich viel, aber der eine von ihnen sollte auch nicht mehr als doppelt so viel Zeit und Aufmerksamkeit erhalten wie der andere.

Wenn dieses innere Gleichgewicht erreicht worden ist, entsteht in dem Quadrat ein Fließen, daß sich an dem, was man will, und an den äußeren Gegebenheiten orientiert.

Aus dieser Entspannung entsteht dann eine Eigenständigkeit, die die Festigkeit und Sperrigkeit des Quadrates nicht mehr dazu benutzt, um innerlich Blockaden zu errichten, sondern um eine Festigkeit nach außen hin zu erlangen. Das bedeutet wiederum, daß man deutlich eigenständiger und auch sehr viel streßfester als zuvor wird.

Durch diese Eigenständigkeit entsteht Raum, in dem man sich so bewegen kann, wie man will. Somit verwandelt sich das Quadrat von einem Aspekt der inneren Selbstblockade zu einem Aspekt der Freiheit.

Wenn man diesen Zustand erreicht hat, gelangt man zu einem selbstverständlichen Frieden, da man nicht mehr angegriffen wird – es sind für die potentiellen Gegner keine Schwachstellen in der eigenen Stadtmauer mehr sichtbar …

Von diesen Betrachtungen zu dem Umgang mit den Quadraten im eigenen Horoskop einmal abgesehen, ist das Quadrat auch der Aspekt des Angriffs und der Zerstörung. Man kann anhand der Quadrate in dem Horoskop eines Menschen daher auch erkennen, in welchen Bereichen jemand dazu neigt, anzugreifen.

Wenn man sich z.B. das Horoskop von Wladimir Putin anschaut, findet man ein Quadrat vom Pluto im Löwen im 10. Haus zu dem Jupiter im Stier im 7. Haus. Putin hat also eine grundlegende Überzeugung (Pluto) und ein Selbstbild (Löwe) darüber, wie die Öffentlichkeit (10. Haus), d.h. Rußland aussehen sollte. Dem steht das Organisationstalent (Jupiter) gegenüber, das sich auf den Besitz (Stier) zwischen den Menschen (7. Haus) bezieht.

Putin erlebte den Zerfall der UdSSR folglich als eine Zerstörung des richtigen Selbstbildes – seines eigenen und das der UdSSR. Diesen „Diebstahl" von Teilen der UdSSR will er durch den Krieg gegen die Ukraine zumindestens teilweise wieder rückgängig machen. Man kann also davon ausgehen, daß Putin von der Richtigkeit seines Handelns überzeugt ist. Sein Skorpion-Aszendent führt dazu, daß er für das Erreichen dieses Zieles auch Tote in Kauf nimmt – für das größere Gute. Das „größere Gute" ist aus dieser Sicht die Selbstheilung bzw. die Heilung der UdSSR.

Wenn Putin einen Handlung als existentielle einstuft (Pluto), wird er in seinen Beziehungen (7. Haus) vollkommen rücksichtslos (Quadrat) gegenüber anderen Menschen.

Weiterhin steht der Uranus, also das Plötzliche, bei Putin im Krebs und im 9. Haus. Er trägt also verborgene Gefühle und Visionen in sich, die plötzlich (Uranus) hervorbrechen können. Der Uranus hat ein Bündel von vier Quadraten zu einer Konjunktion von vier Planeten in der Waage: zu der Sonne im 11. Haus und zu dem Saturn, dem Neptun und dem Merkur im 12. Haus. Putin verrät also seine wirklichen Absichten nicht durch seine Haltung (Sonne), seine Verträge (Saturn), seine Ausstrahlung (Neptun) und seine Worte (Merkur) – eine perfekte Konstellation für den ehemaligen Leiter eines Geheimdienstes …

8. Die drei Verbündeten, die Seele und die Schutzgottheit

Wenn man Kampfmagie betrachtet und eventuell auch üben und anwenden will, stellt sich die Frage, wie man zu einem sicheren und verläßlichen Fundament dafür finden kann. Glücklicherweise gibt es für dieses Streben gleich mehrere Möglichkeiten.

Am bekanntesten ist vermutlich das Krafttier, das die eigene Art der Bewegungen und die eigene Dynamik beschreibt. Da jede Form von Kampf auch eine Form der Bewegung ist, ist es ausgesprochen förderlich, das eigene Krafttier zu kennen, da es die eigenen natürlichen Bewegungen darstellt. Dieses Streben nach den möglichst natürlichen Bewegungen ist auch im Shaolin Kung Fu ein wesentliches Element – wobei dies dort vor allem auf den Körper bezogen und allgemein gemeint ist.

Das Krafttier ist das Tier, dessen Qualitäten am besten zu der Dynamik der eigenen Seele und ihres Entschlusses zu ihrer derzeitigen Inkarnation passen. Das Krafttier ist also ein Bild für das, was man aus sich selber heraus bereits ist – aber diese Ähnlichkeit führt auch zu einer Verbindung mit diesem Tier.

Das Studium des Verhaltens des betreffenden Tieres und Traumreisen zu ihm können viele Aspekte des eigenen Verhaltens verständlicher machen. Es ist hilfreich zu schauen, wie das betreffende Tier kämpft bzw. sich selber schützt. Diese Methoden sollte man dann auch in das eigene Leben übertragen. Bei diesen Methoden gibt es sehr große Unterschiede – man braucht sich nur einmal den Charakter und das Verhalten von Krokodilen, Tauben, Wölfen und Forellen anzuschauen.

Diese Stile entsprechen auf einer allgemeinen Ebene den fünf Tier-Stilen im Shaolin Kung Fu – aber die Orientierung an dem persönlichen Krafttier ist natürlich sehr viel individueller und differenzierter.

Im Yoga finden sich eine ganze Reihe von Asanas (Yoga-Haltungen), die sich auf die Eigenschaften von Tieren beziehen und deren Namen tragen. Auch diese Asanas sind natürlich allgemeiner als die persönliche Beziehung zu dem eigenen Krafttier, aber sie können bei der Entfaltung der Fähigkeiten des eigenen Krafttiers hilfreich sein.

Der zweite Verbündete neben dem Krafttier ist die Kraftpflanze. Während das Krafttier die Dynamik der Seele und ihrer Absichten für ihre derzeitige Inkarnation versinnbildlicht, stellt die Kraftpflanze die Haltung der Seele dar.

Durch die Betrachtung der betreffenden Pflanze und durch Traumreisen zu ihr kann man folglich herausfinden, was die Haltung im Leben ist, die einem selber am besten entspricht. Dies ist auch die Haltung, durch die man in Auseinandersetzungen am erfolgreichsten sein wird.

Sehr vereinzelt gibt es auch Yoga-Asanas, die Pflanzen darstellen und die man daher zur Förderung der Qualitäten der eigenen Kraftpflanze benutzen kann.

Der dritte Verbündete ist der Kraftstein. Er stellt die von der Seele ausgewählten Strukturen in ihrer derzeitigen Inkarnation dar. Auch die Kenntnis dieser bevorzugten Strukturen kann im Kampf helfen, obwohl sie im Vergleich zu den Bewegungen und der Dynamik des Krafttiers von deutlich geringerer Bedeutung ist.

In der Homöopathie schaut der Homöopath zunächst, ob sein Patient sehr emotional ist und sich viel bewegt – dann braucht er ein tierisches Mittel. Wenn er immer wieder dieselbe Geste macht, geht es bei ihm offensichtlich um eine Haltung – dann braucht er ein pflanzliches Mittel. Wenn er hingegen ständig auf einem bestimmten Zusammenhang beharrt, geht es um eine Struktur – dann braucht er ein mineralisches Mittel.
Man kann durchaus auch schauen, ob es ein homöopathisches Mittel gibt, das zu einem der drei eigenen Verbündeten gehört. Wenn man z.B. den Wolf als Krafttier hat, den Thuja als Kraftpflanze und den Bergkristall als Kraftpflanze, kann man sich einen Zaubertrank aus Lac Lupi (Wolfsmilch), Thuja occidentalis (Thuja) und Silicea (Bergkristall) einen „Zaubertrank" zur Förderung der Befreiung des eigenen Stils brauen. Dabei sollte man am Anfang am besten die Potenzierung C200 verwenden.

Die eigene Seele ist der Ausgangspunkt für die Entstehung der lebenslangen Bindung an das eigene Krafttier, die eigene Kraftpflanze und den eigenen Kraftstein. Das eigene Herzchakra ist als die Mitte des Chakrensystems auch der „Tempel der Seele". Die Begegnung mit der eigenen Seele mithilfe von Traumreisen, Meditationen, Visionen, Trancetänzen, schamanischen Methoden oder irgendeinem anderen Verfahren ist daher auch für die Kampfmagie das zentrale Element.
Durch die lebendige und bewußte Verbindung zur eigenen Seele erhält man eine Selbstgewißheit und eine Selbstsicherheit, die man auf andere Weise nicht erreichen kann. Im Grunde drückt man sein ganzes Leben über das aus, was die eigene Seele ist – daher ist es sehr hilfreich, dies auch bewußt tun zu können.
In der Kampfmagie gibt die Verbindung zu der eigenen Seele ein sicheres Fundament, eine klare Richtung, einen eindeutigen Stil und eine ständige Hilfe – was will man mehr?

Die eigene Seele ist ein „Tropfen" von dem „Meer" einer Gottheit. Die bewußte und lebendige Verbindung zu dieser Gottheit ist daher das, was den sichersten Rückhalt in der Kampfmagie und allgemein im Leben geben kann. Diese Gottheit schützt nicht vor Angriffen, aber sie macht es unwahrscheinlich, daß diese Angriffe viel Erfolg haben werden. Wenn man in der eigenen Gottheit ruht, ist man so sicher, standfest und erfüllt, wie man als sterbliches Wesen werden kann.

Oft ist diese Schutzgottheit schon anhand der eigenen Seele oder des eigenen Kraft-tieres erkennbar, aber man sollte lieber Erlebnissen und Traumreisen vertrauen als bloßen Schlußfolgerungen.

In der folgenden Liste sind einige mögliche Verbindungen zwischen Seele/Verbün-deten und Schutzgottheit aufgeführt. Dies sind nur einige Beispiele für mögliche Zusammenhänge und bei weitem nicht alle. Man sollte sich – wie bereits gesagt – aber nicht auf Überlegungen verlassen, sondern eher durch Traumreisen und Erlebnis-se die eigene Schutzgottheit herausfinden.

Wenn man eine Vermutung hat, zu welcher Gottheit die eigene Seele gehören könn-te, ist es oft hilfreich, sich die Mythen dieser Gottheit anzuschauen – man wird es merken, wenn man die richtige Gottheit gefunden hat.

Seele/Verbündete und Schutzgottheit				
Verbündete			*Seele*	*Gottheit*
Krafttier	*Kraftpflanze*	*Kraftstein*		
Krokodil				Sobek
Löwe				Sachmet
Panther				Mafdet
Bär				Odin
Pferd				Epona
Affe				Hanuman
Falke				Horus
	Apfelbaum			Idun
	Lotus			Nefertem
		Bergkristall		Heimdall
	Perle			Drache
			Faun	Pan
			Madonna	Osiris, Maria
			Jesus	Gott

Weiterhin gibt es noch die Möglichkeit, durch Traumreisen, Meditationen, Invoka-tionen u.ä. Verbindungen zu anderen Gottheiten aufzubauen. Auch diese Kontakte

97

können einen selber stärken und fördern, aber die eigene Schutzgottheit wird trotzdem immer der zentrale Bezugspunkt und der sicherste Rückhalt bleiben.

Schließlich kann man, wenn man ein entsprechendes Weltbild hat, auch Kontakt zu Kether, Eheieh, Gott, Jahwe, Allah usw. suchen, also zu der Einheit des Bewußtseins der ganzen Welt. Wenn man diesen Kontakt hergestellt hat, erklärt sich die Wirkung dieses Kontaktes von selber.

Die in diesem Kapitel beschriebenen Wesen entsprechen alle der Mittleren Säule, d.h. die „Übung der Mittleren Säule" ist eine gute Vorbereitung auf diese konkreten Kontakte bzw. eine gute Zusammenfassung dieser Kontakte. Außerdem entspricht die Mittlere Säule auch noch der Sushumna, die eines der zentralen Elemente im Lebenskraftkörper ist.

Die Mittlere Säule entspricht den in diesem Kapitel angeführten Wesen in der folgenden Weise:

- Kether   = Gott
- Da'ath   = Schutzgottheit
- Tiphareth   = Seele
- Yesod   = Krafttier, Kraftpflanze, Kraftstein
- Malkuth   = Körper

Man kann daher die Mittlere Säule zu einem zentralen Element in der eigenen Selbstverteidigung machen. Sie fördert den Kontakt zu den „helfenden Wesen", gibt die Stabilität der Sushumna und regt zudem noch das Erwachen der Kundalini an.

9. Sonstiges

Man kann natürlich jede Art des Kampfes – ob sportlich, militärisch oder Kampfkunst – als Förderung der Kampfmagie einsetzen. Vermutlich ist es zum Erlernen der
Kampfmagie notwendig, auch irgendeine physische Kampfmethode zu erlernen – das
erdet die eigene innere und äußere Haltung.

Es ist vermutlich auch förderlich, einmal an einem Feuerlauf teilzunehmen, da man
dabei Einsgerichtetheit erleben kann und dabei zudem sehr wahrscheinlich das
möglicherweise vorhandene eigene innere Programm „Das geht nicht!" auflösen wird
– was beides für die Entwicklung eines höheren Niveaus der eigenen Kampfmagie
förderlich sein wird.

10. Ergebnisse

Die Grundlage der Kampfmagie ist das Erlangen von Entschiedenheit und Einsgerichtetheit – ohne sie wird man nur wie ein flackerndes Kerzenlicht und nicht wie ein Laserstrahl sein. Zum Erreichen dieser Einsgerichtetheit kann ein Feuerlauf sehr hilfreich sein.

Zum Erlangen einer konstruktiven und effektiven Entschiedenheit ist die Heilung einer eventuell vorhandenen Chakrenpaar-Polarisierung notwendig. Dabei kann die Auseinandersetzung mit den Quadraten in dem eigenen Horoskop hilfreich sein, da diese Quadrate Schwachstellen in der eigenen Stadtmauer bilden können, an denen man leicht angegriffen werden kann.

Generell ist die Sushumna – auch in der Form der Mittleren Säule – das Element des Lebenskraftkörpers, das für die eigene innere und äußere Stabilität zuständig ist.

In dem Zentrum der Suhsumna befindet sich das Herzchakra, aus dem heraus sie entsteht. Dieses Chakra ist die Quelle des gesamten inneren Systems: der Tempel der eigenen Seele.

Die Mittlere Säule umfaßt von unten nach oben hin den Körper, die drei Verbündeten, die Seele, die Schutzgottheit und Gott. Sie ist daher der Rückhalt des Magie-Kriegers.

Man kann einen weiteren Schutz durch Rituale wie das Kleine Pentagramm-Ritual erhalten und eine weitere Stärkung durch Traumreisen zu Kriegsgöttern und durch ihre Invokation.

Generell gibt es zwei verschiedene Ansätze: das Streben nach dem „Ruhen in sich selber" und das Streben nach Dominanz. Der erste Ansatz bezieht sich auf ein möglichst stark strahlendes Herzchakra, der zweite Ansatz auf ein möglichst starkes, d.h. von viel Lebenskraft erfülltes Hara. Der Herzchakra-Ansatz zielt auf Frieden ab, der Hara-Ansatz auf Sieg. Von der Entscheidung bei dieser Wahl hängen auch die Methoden der Kampfmagie ab: Bewahrung und Schutz von sich selber oder zerstörerische Angriffs-Magie.

Für die Entwicklung eines höheren Niveaus der Kampfmagie ist es wahrscheinlich immer förderlich, auch einen Kampfsport zu betreiben.

V Selbstverteidigung und Wahnvorstellungen

Magische Angriffe gibt es, aber sie sind selten – zumindestens die bewußten Formen. Lebenskraft-Vampirismus oder unbewußte Dominanz sind hingegen recht häufig. Es ist wesentlich wahrscheinlicher, psychisch oder physisch angegriffen zu werden als magisch.

Daher sollte man bei einem Anfangsverdacht prüfen, ob es sich tatsächlich um einen realen magischen Angriff handelt – die Psychiatrien sind voll von Menschen mit Angstneurosen, Panikattacken, Verfolungswahn u.ä. Man sollte daher als angehender Magier darauf achten, daß man diesen Menschen nicht schließlich Gesellschaft leisten muß. Wenn man erst einmal in einem soliden Verfolgungswahn steckt, ist es schwer, wieder in die reale Welt zurückzufinden und wieder ein normales Leben zu führen.

Man sollte daher, wenn man Kampfmagie zu lernen beginnt, auch die eigene Wahrnehmung und die eigene Urteilsbildung trainieren, damit man nicht – ganz wörtlich – in des Teufels Küche gerät. Wenn man erst einmal dort gelandet ist, ist es schwer, von dort wieder zu entkommen. Dann sitzt man gefangen in dem Raum, in dem sich der eigene Schatten – also der Teufel – befindet. In den eigenen Ängsten gefangen zu sein, ist einer der ungünstigsten Startpositionen, in denen man sich befinden kann.

Daher sollte man sich von Anfang an, wenn man Kampfmagie erlernen oder generell Magie nutzen will, auch um die eigene Psyche kümmern und versuchen, sie so gut es geht zu heilen. Ob das vollkommen gelingen wird, ist fraglich, aber jeder Schritt in diese Richtung verringert die eigene Verwundbarkeit gegenüber Angriffen und auch der Gefahr des Realitätsverlustes aufgrund der eigenen inneren Ängste.

Insbesondere die Polarisierung des eigenen Mars in ein Täter-Bild und in ein Opfer-Bild kann – wenn man mit dem Üben von Kampfmagie beginnt – zu den verschiedensten psychischen Störungen führen.

Generell ist es empfehlenswert, sich mit den Gründen für Kämpfe und Kriege zu beschäftigen, um zumindestens ein stückweit näher zu einem friedlichen Leben zu gelangen.

VI Übungs-Vorschlag

Es gibt kein Patent-Rezept für alle, die Kampfmagie erlernen wollen – dafür sind sowohl die Menschen als auch die Motivationen und die Möglichkeiten zu verschieden.

Weiterhin möchte ich selber durch dieses Buch nicht zu einem „Lieferanten für magische Waffen" werden, was bedeutet, daß ich eher die defensiven und schützenden Aspekte der Kampfmagie beschreibe als die Methoden des Angriffs.

Zudem bin ich eindeutig ein Vertreter des „das Herzchakra strahlen lassen"-Weges und nicht des „Dominanz"-Weges. Darüber, ob das sinnvoll ist, läßt sich natürlich trefflich streiten – aber ich halte mich eben an meine Sicht der Dinge …

Da es – wie gesagt – kein Patent-Rezept für alle Kampfmagie-Lehrlinge gibt, stellt die folgende Übersicht nur einen groben roten Faden dar, an dem man sich entlanghangeln kann und der nicht völlig unsinnig ist. Man kann sich auch einfach die Methoden heraussuchen, die man am sympathischsten findet oder sich selber einen Plan zusammenstellen, nach dem man vorgehen will. Vielleicht probiert man auch einfach das eine oder andere aus.

Die folgende Übersicht ist – wie schon gesagt – nur eine Anregung für eine mögliche sinnvolle Reihenfolge von Experimenten und Übungen beim Erlernen der Kampfmagie.

1. Erste Übungen

a) Die eigene Grenze spüren

Eine allererste Übung kann darin bestehen, daß der Übende mit geschlossenen Augen dasteht und ein zweiter langsam und leise auf ihn zugeht. Der Übende versucht zu spüren, wann der zweite in seinen Raum tritt und sagt dann „Jetzt".

Dieser Raum eines Menschen, also sozusagen sein „Revier", hat drei Grenzen: erstens die Grenze, die zwei Armlängen vom Körper entfernt ist (der Lebenskraftkörper des einen Menschen berührt den des anderen), zweitens die Grenze, die eine Armlänge weit entfernt ist (der Lebenskraftkörper des einen berührt den physischen Körper des anderen) und drittens die Grenze der physischen Berührung. Die erste Grenze ist der passende Abstand für Fremde, die zweite Grenze ist der passende

Abstand für Freunde und die dritte Grenze der passende Abstand für Beziehungen.

Diese Übung kann man durchführen, indem der Übende mit seiner Vorderseite zu dem zweiten gewandt ist, mit seinem Rücken zu ihm, mit seiner rechten oder mit seiner linken Seite.

Durch dieses einfache Experiment kann man herausfinden, wie gut man es in den vier Richtungen selber wahrnimmt, wenn die eigene Grenze verletzt wird. Falls man dafür nur ein in geringem Maße ausgeprägtes Gespür hat, kann man die mehrfache Wiederholung dieses Versuches auch zum Üben dieser Fähigkeit verwenden.

b) die eigene Grenze wahren

Es reicht natürlich nicht, wenn man spüren kann, wenn jemand in den eigenen Raum eindringt – man sollte dies auch verhindern können.

Die dazu passende Übung ist einfach: Der Übende stellt sich – diesmal mit offenen Augen – hin und jemand anderes geht auf ihn zu. Wenn der Übende „Stop!" oder etwas ähnliches sagt und das den anderen überzeugt, bleibt der andere stehen – wenn nicht, geht er weiter. Dabei sollte dieser andere ein wenig Feingefühl haben und auf die Kraft achten, mit der der Übende das sagt – es geht zunächst einmal nur darum, das normale Grenzensetzen zu lernen und nicht gleich die Kampf-Variante.

Wenn dem Übenden das Grenzensetzen schwerfällt, kann er sich seinen Lieblings-Baum hinter sich vorstellen und die Übung noch einmal durchführen.

Als nächstes kann er sich zwei gleiche Tiere seiner Wahl imaginativ rechts und links neben sich stellen.

Dasselbe kann der Übende auch mit einem Stein versuchen, der dann vor ihm oder hinter ihm auf der Erde liegt.

Diese drei Wesen sind im Idealfall die drei Verbündeten des Übenden. Oft wählen die Betreffenden auch genau diese Verbündeten ohne auch nur zu wissen, daß es so etwas überhaupt gibt.

Als nächstes kann der Übende dann seine Seele in sich selber bitten, ihm so viel Standfestigkeit zu verleihen, daß man seinen Raum schützen kann.

Schließlich kann der Übende auch noch seine Schutzgottheit bitten, ihn in ihre Gestalt zu hüllen.

Allerspätestens diese Imagination sollte dem Übenden helfen, ein kraftvolles „Stop!" zu sagen.

Die Version dieser Übung, die man dann zum Abschluß durchführen sollte, ist das wortlose Aufhalten des anderen durch den Übenden. Dabei sollte man anschließend vergleichen, ob der andere tatsächlich dort angehalten hat, wo ihm der Übende innerlich „Stop!" gesagt hat.

Mit dieser Übung bekommt man zumindestens schon einmal ein Gefühl dafür, wo die eigene Grenze ist und wie es sich anfühlt, wenn jemand in diesen Raum eindringt, und wie es sich anfühlt, wenn man diesen Raum schützen kann. Die meisten Menschen finden recht schnell Gefallen an dieser Übung.

Typische Kandiaten, die diese Übug dringend brauchen, sind die drei „zu leisen" Charaktertypen: der Asket, das Opfer und der Fan – oder die Kombination dieser drei Typen, der sich gerade in einem Burnout oder kurz davor befindet.

c) Fußgängerzonen-Übung I

Man kann einmal durch eine belebte Fußgängerzone gehen und beobachten, wie man sich dort verhält: Achtet man auf die anderen? Weicht man den anderen aus? Weichen die anderen einem selber aus? Rempelt man ab und zu jemanden an oder nicht?

Die „zu leisen" Charaktertypen achten auf die anderen, weichen ihnen aus, warten notfalls auch einmal und rempeln nie jemanden an.

Falls man zu diesem Typus gehören sollte, kann man einmal einfach schnurgeradeaus durch die Fußgängerzone gehen und schauen, was passiert. Vielleicht weichen die anderen ja tatsächlich auch manchmal aus und vielleicht rempelt man immer wieder mal jemanden an – aber das interessiert diese angerempelten Leute überhaupt nicht und sie gehen einfach weiter.

Dieser einfache Versuch ist sehr zu empfehlen, auch wenn er vielleicht etwas Überwindung kostet, da er dem „zu leisen" Typus deutlich macht, wie einseitig er sich bisher verhalten an. Er hat mithilfe von Ausweichen und Anpassung überlebt …

Das ist zwar eine mögliche Überlebensstrategie, aber wenn man schon einmal so weit gekommen ist, daß man ein Buch über Kampfmagie liest, will man dieses Verhalten offensichtlich ändern.

d) Der Schutzkreis

Das Ziehen eines Schutzkreis gehört zum „Kleinen Einmaleins" eines jeden Zauberlehrlings. In den meisten Fällen wird das Erschaffen eines solchen Schutzraumes mithilfe des Kleinen Pentagramm-Rituals erlernt.

Die Qualität, die durch solch einen Schutzkreis erschaffen wird, entspricht dem Schutz des eigenen Raumes, der zuvor schon beschrieben worden ist. Der Schutzkreis ist jedoch formaler und technischer – man muß schauen, welche Form der Absicherung des eigenen Schutzraumes einem am meisten zusagt.

Es gibt auch die Möglichkeit, die Gestalt des eigenen Krafttieres oder der eigenen Kraftpflanze anzunehmen oder sich in den eigenen Kraftstein zu hüllen, den man um sich her imaginiert. Dies sind wieder organischere Schutz-Varianten.

Am besten probiert man alle Varianten, die man finden kann, einmal aus und schaut dann, welche einem am meisten zusagt.

e) Das Angriffs-Spiel

Dieses Spiel ist eine Imaginations- und Selbstverteidigungs-Übung. Sie klingt recht simpel, aber sie hilft, ein grundlegendes Gespür für Angriff und Verteidigung mithilfe der Lebenskraft zu entwickeln.

Dazu stellt sich der Übende wieder aufrecht hin. Ein zweiter imaginiert in seiner Hand eine Licht/Lebenskraft-Kugel und wirf sie dann auf den Übenden mit der Vorstellung ihn zu treffen. Der Übende wehrt diese Kugel mit einer Geste oder auch nur imaginativ ab.

Anschließend vergleichen beide, was sie gesehen haben. Wie ist die Kugel geflogen? Hat sie den Übenden getroffen und wenn ja, wo? Wohin ist sie fortgeflogen, falls er sie hat abwehren können?

Durch diese Vergleiche kann sowohl der „Angreifer" als auch der „Verteidiger" überprüfen, wie gut er angreifen bzw. verteidigen kann und beide können feststellen, wie präzise sie eine nur imaginierte Lebenskraft-Kugel wahrnehmen können.

f) Fußgängerzonen-Übung II

Der Übende kann die Fußgängerzone-Übung noch einmal wiederholen, aber sammelt diesmal, bevor er losgeht, entweder Aggression in sich oder er imaginiert, daß er etwas Ekliges ausstrahlt. Dann schaut er wieder, wie die Menschen auf ihn reagiert haben.

Diesen Versuch sollte man, wie alle anderen Experimente auch, möglichst oft in den verschiedensten Varianten durchführen, um dadurch nach und nach zu etwas Sachkenntnis und einem Gefühl für die Wirkung von Imaginationen zu gelangen.

g) Einen Raum füllen

Nach den Raumwahrnehmungs-Übungen, den Raumverteidigungs-Übungen und den Fußgängerzonen-Übungen kann man nun noch einen Schritt weitergehen.

Es gibt Menschen, die ein Zimmer sofort ausfüllen, wenn sie es betreten, und die sofort die dominante Gestalt unter den Anwesenden sind. In der Regel sind diese Menschen auch sehr dominant im Gespräch und auch mit Handlungen sehr durchsetzungsfähig. Sie bestimmen die Regeln, nach denen Gespräche und Handlungen ablaufen und legen den Rahmen für alle Aktionen fest – und können sich dadurch auch stets durchsetzen und sind in so gut wie jedem Streit der Sieger.

Dies ist offenbar ein Aspekt, der auch in der Kampfmagie gebraucht wird – zumindestens in der Dominanz-Variante der Kampfmagie.

Diese Menschen gehören offensichtlich zu dem „zu lauten" Typus, d.h. sie haben die Qualitäten des Süchtigen, des Täters und des Stars.

Der Gegenpol zu ihnen ist der „zu leise" Typus, der von Verzicht, Scham, Schuld, Unsicherheit, Selbstverachtung und manchmal sogar Selbsthaß geplagt wird. Dieser Typus kann als „Erste Hilfe" üben, ein Zimmer zu füllen – oder zumindest den eigenen Raum zu wahren.

Dazu muß sich der „zu leise" Typus in die Richtung des „zu lauten" Typus bewegen, d.h. sich mit dem eigenen Schatten anfreunden und ihn zumindest teilweise integrieren – das ist alles andere als einfach, aber notwendig. Der Asket muß also wie ein Süchtiger auch etwas für sich verlangen, das Opfer muß wie ein Täter auch einmal aggressiv werden, und der Fan muß sich wie ein Star auch einmal ins Rampenlicht stellen.

Hier kann jeder, der zu dem „zu leisen" Typus gehört, selber schauen, wie er diese Übungen gestalten will. Sie sollten nicht zu schwierig sein, damit man sie noch durchführen kann, aber auch nicht zu einfach, damit sie eine Wirkung haben.

Diese Übungen sind nicht nur eine Grundlage für die Kampfmagie, sondern auch eine Heilung der allgemeinen psychischen Verfassung.

Natürlich kann auch der „zu laute" Typus etwas dazulernen: Der Süchtige muß einmal zugunsten von anderen verzichten, der Täter muß einmal nachgeben und der Star muß einmal einen anderen auf die Bühne lassen. Das ist auch nicht unbedingt einfach.

Das Ziel ist letztlich, die drei Polarisierungen aufzulösen. Dann wird der Mangel des Süchtigen und des Asketen wieder zu Fülle, die Angst des Täters und des Opfers wieder zu Kraft, und die Selbstzweifel des Stars und des Fans wieder zu Selbstliebe. Wenn das erreicht worden ist, ist die Gefahr angegriffen zu werden, so klein wie möglich – und ebenso die Gefahr, eine Auseinandersetzung zu verlieren. Dies ist das bestmögliche Fundament für die Ausübung der Kampfmagie.

k)   Kampfmagie-Spiel I

Dieser Wettstreit ist bereits am Ende des Kapitels „III 2." beschrieben worden: Man sitzt zu zweit voreinander und versucht sich gegenseitig wortlos durch die verschiedensten Imaginationen zu hypnotisieren, also einzuschläfern.

Durch dieses Spiel kann man ein Gefühl dafür bekommen, was es bedeutet, wenn zwei Willen mittels Imaginationen, also mithilfe der Lebenskraft gegeneinander kämpfen.

Auch diese Übung klingt recht schlicht und harmlos, aber für einen Anfänger ist sie durchaus förderlich, denn wie soll man etwas auf ein hohes Niveau bringen und im Großen anwenden, das man nicht zuvor im Kleinen eingehend kennengelernt hat?

l)   Kampfmagie-Spiel II

Bei dieser Version stehen die beiden Übenden voreinander. Zunächst imaginiert A mit oder ohne Geste, einen der Nadis von B zu durchschneiden, während B sich dagegen durch seine Imagination und Gesten wehrt. Anschließend geht A auf B zu und gibt ihm einen leichten Stoß um zu sehen, wie fest A noch steht.

Anschließend an diesen Versuch sollten beide auf jeden Fall die Heilung der Nadis von A imaginieren und dies evtl. mit Gesten begleiten.

Danach werden die Rollen vertauscht und B greift A an.

Diesen Versuch kann man den verschiedensten Nadis durchführen. Am naheliegendsten sind die Sushumna als der zentrale Nadi und der „dreifache Erwärmer" als der Nadi der Feuer-Qualität. Seine Lage kann man sich im Internet anhand der Tabellen über die Akupunktur-Meridiane ansehen.

2. Die Lenkung der Lebenskraft

Die Lenkung der Lebenskraft ist ein sehr wichtiges Element in der Kampfmagie. Sie beginnt damit, daß man sich ein Mindestmaß an Wahrnehmung der Lebenskraft erwirbt. Dies kann eine optische Wahrnehmung oder ein Gefühl von Hitze sein oder auch einfach ein „Wissen", also Telepathie.

a) Postkarten-Versuch

Für diesen Versuch, mit dem man die Telepathie nachweisen kann, braucht man fünf Personen – am besten eine ganze Schulklasse o.ä. Einer legt Photos, Postkarten oder andere Bilder in Briefumschläge und verschließt sie.

Dann erhält jede Vierergruppe einen Umschlag und legt sie auf den Tisch zwischen sich. Nun blicken die vier ca. 3 Minuten lang auf den verschlossen, undurchsichtigen Umschlag und schauen, welche Eindrücke sie von dem Bild, das in diesem Umschlag verborgen ist, erhalten können. Diese Eindrücke schreiben sie auf.

Anschließend vergleichen sie die Eindrücke, die sie gehabt haben, und bilden aus den Eindrücken, die bei drei oder vier von ihnen übereinstimmen, eine Bildbeschreibung, die dann durch die Dinge, die nur bei zweien gleich waren, ergänzt werden. Auf diese Weise können die telepathischen Wahrnehmungen (die bei mehreren gleich sind) weitestgehend von den reinen Assoziationen (die bei jedem anders sind) unterschieden werden.

Dieser Versuch ist natürlich am überzeugendsten, wenn ihn eine ganze Schulklasse o.ä. durchführt und man die verschiedenen Beschreibungen hören und anschließend die dazugehörenden Bilder, die nach der Beschreibung dem Umschlag entnommen werden, in einer ganze Reihe von Gruppen vergleichen kann.

b) Die Suche

Wenn man selber oder jemand anderes etwas verloren hat, kann man innerlich, d.h. telepathisch auf die Suche danach gehen.

Dazu versetzt man sein Bewußtsein in den verlorenen Gegenstand und schaut sich dessen unmittelbare Umgebung an: dunkel?, hell?, feucht?, Stoff? Grasboden? usw.

Danach schaut man sich die weitere Umgebung an, an dem sich diese direkte Umgebung des verlorenen Gegenstandes befindet.

Auf diese Weise erhält man ein Bild von dem Ort, an dem dieser Gegenstand liegt, und weiß dann mehr oder weniger genau, wo man suchen muß.

Dieses Verfahren trainiert die telepathische Wahrnehmung – und man erkennt auch immer sofort, ob man richtig gesehen hat oder nicht.

c) Hellsehen

Rein technisch-pysiologisch gesehen bedeutet Hellsehen, daß man die Wahrnehmung der Lebenskraft in optische Eindrücke übertragen und der normalen optischen Wahrnehmung der äußeren Welt überlagern kann. Das führt dann dazu, daß man z.B. die Aura eines Menschen, d.h. seinen Lebenskraftkörper als milchigweißes Leuchten rings um den Körper des Betreffenden sehen kann. Das ist im Prinzip dasselbe wie eine Vision, bei der man ebenfalls ein inneres – möglicherweise telepathisch empfangenes – Bild in die optische Wahrnehmung der äußeren Welt integriert. Die krankhafte Version dieses Vorgangs ist die Psychose, bei der man die inneren und die äußeren Bilder nicht mehr unterscheiden kann.

Das Hellsehen hat also zwei Aspekte:

- Man vermischt die evtl. telepathisch empfangenen inneren Bilder mit den optisch wahrgenommenen äußeren Bilder. Das ist förderlich, wenn man die beiden verschiedenen Ursprünge dieses kombinierten innerlich-äußeren Bildes weiterhin klar unterscheiden kann – was unter Umständen schwierig ist. Eine milchigweiße Lichthülle um einen Menschen kann man klar als Aura identifizieren, aber bei dem Bild eines Menschen oder eines Tieres kann man nicht sofort erkennen, ob es ein äußeres oder ein inneres Bild ist.

- Wenn die Unterscheidung der inneren und äußeren Bilder gut gelingt und man kaum „physische Bilder", also Menschen, Tiere, Autos usw. sieht, sondern vor allem Lichtschemen, dann ist diese Form des Hellsehens in der Magie ganz allgemein sehr nützlich – man sieht direkt, wo Lebenskraft bewegt wird.

Man kann diese Form des Hellsehens am einfachsten üben, indem man im Halbdunkel oder Fast-Dunkel auf Menschen oder Tiere oder auf elektronische Geräte blickt, die in Betrieb sind. Möglicherweise dauert es aber eine Weile, bis man damit Erfolg hat.

Wenn man dieses Hellsehen erreicht hat, muß man auch noch lernen, es bewußt zu kontrollieren, da es Situationen wie z.B. Autofahren gibt, wo die Vision eines weiteren, nur innerlich existierenden Autos auf der Straße zu Problemen führen könnte.

Das Wort „Hellsehen" ist dadurch entstanden, daß man etwas Helles sieht, d.h. das milchigweiße Leuchten der Lebenskraft. Aus dieser Wahrnehmung heraus ist auch das Motiv der Totengeister als „Bettlaken-Gespenster" entstenden. Hier hat außer der Wahrnehmung des milchigweiß-leuchtenden Schemens vermutlich auch noch die Assoziation zu dem Leichentuch mitgewirkt.

Generell kann man sagen, daß das Hellsehen für die Kampfmagie zwar nützlich, aber nicht erforderlich und auch nicht am wichtigsten ist.

d) Aura-Tasten

Die innere Wahrnehmung der Lebenskraft kann nicht nur in optische Eindrücke, sondern auch in eine Hitze-Wahrnehmung übersetzt werden. Das ist am auffälligsten beim Erwachen der Kundalini-Schlange, die vor allem als innere Hitze wahrgenommen wird – die jedoch so intensiv werden kann, daß sie den Körper tatsächlich wärmt. Auf diese Weise können die tibetischen Mönche in dem eisigen Tibet nur mit einem dünnen Baumwollgewand bekleidet leben.

Man kann die Lebenskraft auch als leicht elektrisch prickelnde Hitze rings um den Körper eines Menschen wahrnehmen. Das ist am einfachsten, wenn sich Menschen bewegen, also z.B. beim Tanz. Diese Hitze wird nicht vom Leib nach außen hin kontinuierlich weniger so wie man es von der normalen Wärmeausstrahlung kennt (die auch nicht elektrisch prickelt), sondern sie hat eine sehr abruptes Ende bei ungefähr einer Armlänge Entfernung vom Körper.

Man kann diese Hitze wahrnehmen, wenn man aufmerksam darauf achtet – z.B. in der überfüllten U-Bahn oder bei anderen Gelegenheiten, bei der Menschen längere Zeit ausreichend eng beieinander stehen.

Eine weitere Möglichkeit ist der Mesmerismus, bei dem man im Abstand von ca. einer Handbreit über den Körper eines andern Menschen streicht. Dabei haben Striche von oben nach unten eine einschläfernde Wirkung und Striche von unten nach oben eine belebende Wirkung.

Auch diese Form der Lebenskraft-Wahrnehmung ist in der Kampfmagie zwar nützlich, aber ebenfalls nicht unbedingt notwendig.

e) Runen

Bei den verschiedenen Runenübungen, d.h. beim Einnehmen der Runenhaltung und Singen des Runennamens, kann man sowohl die Lebenskraft im eigenen Körper spüren als auch lernen, sie zu lenken. Insbesondere die Handchakren und das Dritte Auge scheinen auf Runenübungen gut anzusprechen und als Pulsieren und Rotieren wahrnehmbar zu werden – und bei längerem Üben auch das Sonnengeflecht. Möglicherweise ist das jedoch bei verschiedenen Menschen auch unterschiedlich.

Auf jeden Fall ist dies eine gute und einfache Möglichkeit, sowohl die Wahrnehmug als auch die Lenkung der Lebenskraft zu üben.

Das Lenken der Lebenskraft ist dabei noch recht einfach wie z.B. beim Aufnehmen der Lebenskraft durch die Handfläche, die man zum Vollmond erhoben hat (Fa-Rune). Mit derselben Geste kann man die Lebenskraft auch aussenden – z.B. zu einem Kranken, der eine Stärkung seines Lebenskraftkörpers braucht.

f) Papierrädchen

Der Papierrädchen-Versuch ist bereits in Kapitel „III 3. a)" beschrieben worden. Er hat vor allem die Aufgabe, überhaupt erst einmal nachzuweisen, daß es die Telekinese gibt – schließlich ist es schwierig, etwas im Kampf anzuwenden, von dem man noch nicht einmal weiß, ob es das überhaupt gibt.

g) Smilie

Der Smilie-Versuch ist bereits in Kapitel „III 3. b)" beschrieben worden. Dieses Experiment zeigt, wie wichtig die inneren Bilder sind – und wie schnell man einen Menschen durch äußere Bilder beeinflussen kann. Wenn man auf das lachende Smilie schaut, hat man viel Kraft – wenn man auf das traurige Smilie schaut, hat man sehr wenig Kraft. Das ist eine Erfahrung, die man in der Kampfmagie möglichst deutlich präsent haben sollte, um nicht selber durch Suggestionen von anderen gelenkt zu werden und um notfalls andere durch solche Suggestionen lenken zu können.

Zwar sind Bilder die am stärksten wirkenden Suggestionen, aber auch Worte können eine große Wirkung haben – wie alle Demagogen wissen. Die Provokation ist z.B. ein beliebtes Verfahren, um einen Menschen mithilfe von Beleidigungen u.ä. wütend zu machen und dadurch aus einer geschützten Position hervorzulocken und dann leichter besiegen zu können.

Die Wahrung der Eigenständigkeit und der Selbstbestimmtheit und folglich das Fernhalten jeglicher Suggestionen und Einflüsse durch den Gegner ist somit eine Grundnotwendigkeit in jeder Auseiandersetzung – sei sie nun physisch, psychisch oder magisch.

h) Hepp-Versuch

Der Hepp-Versuch ist bereits in Kapitel „III 3. c)" beschrieben worden. Durch ihn wird deutlich, daß man durch das passende innere Bild, z.B. daß man nur ein Kopfkissen statt eines Menschen auf seinen Waden liegen hat, seine eigene physische Kraft sehr deutlich durch eine telekinetische Kraft ergänzen kann.

Wenn man dasselbe Gewicht nur auf physische Weise mit den Beinen hochheben würde, würde man eine Sehnenzerrung bekommen. Das innere Bild verstärkt also nicht die Muskelkraft, sondern ergänzt die Muskelkraft durch Telekinese. Es ist natürlich auch denkbar, daß das innere Bild sowohl die Muskelkraft verstärkt als auch die Sehnen deutlich belastbarer macht – aber die Annahme, daß ein inneres Bild die Sehnen belastbarer macht, klingt aus physiologischer Sicht nicht besonders plausibel.

i) Drachenklaue

Der Drachenklaue-Versuch ist bereits in Kapitel „III 3. d)" beschrieben worden. Dieser Versuch erhöht im Gegensatz zu dem vorigen Versuch nicht die eigene Kraft, sondern schwächt die Kraft des Gegners.

Dieser Versuch zeigt deutlich, daß Gesten – eben die Drachenklaue – sowohl auf einen selber als auch auf den anderen einen große Wirkung haben.

Dieser Effekt zeigt sich u.a. auch darin, daß in der Magie oft Gesten verwendet werden – so wie z.B. Milarepa in seinem Wettstreit mit Naro Bönchog Mudras, also Handhaltungen verwendet hat.

j) Shaolin-Versuch

Der Shaolin-Versuch ist bereits in Kapitel III 3. e) beschrieben worden. Auch die in diesem Versuch beschriebene Möglichkeit ist von Milarepa in seinem Wettstreit mit dem Bön-Schamanen angewendet worden.

Der Unterschied zu den vorigen Experimenten besteht darin, daß man bei ihm ein Bild benutzt, um sich selber treu sein zu können, d.h. um die Bilder der Gegner und sogar ihre Handlungen zu ignorieren: Wenn man auf die Hände der Gegner schaut, die die eigene Hand festhalten, ist dieses Festgehaltenwerden das Bild, daß die Situation prägt – und man kann nicht fortgehen. Wenn man jedoch in seine eigene freie Hand blickt, die man vor sich hält, dann ist diese freie Hand das Bild, das die Situation prägt – und man kann mühelos fortgehen.

Dieses „in dem Bild des eigenen Zieles ruhen" ist ein zentrales Element in der Kampfmagie. Derjenige der beiden Kontrahenten, dem es gelingt, den anderen in das eigene Bild hineinzuziehen, hat den Kampf so gut wie gewonnnen. Der Magiekampf beginnt folglich damit, daß man selber bestebt ist, die Situation und den Bezugsrahmen in dieser Situation selber zu definieren und für beide festzulegen – oder schlicht gesagt: Der Dominantere gewinnt.

Jemand, der diese Qualität erlangt hat, kann mühelos einen Raum mit seiner eigenen Präsenz füllen und daher die Ereignisse in diesem Raum lenken.

Häufig wird diese Dominanz mithilfe von Worten aufgebaut, aber bei einiger Übung kann diese Dominanz auch wortlos, also nur über die Lebenskraft erreicht werden.

k) Stuhl-Versuch

Der Stuhl-Versuch ist bereits in Kapitel „III 3. f)" beschrieben worden. Dieses Experiment zeigt noch einmal, wie eine Geste (Handauflegen) auf einmal Handlungen möglich machen kann, die vorher vollkommen unmöglich waren.

Wenn man mithilfe der Lebenskraft kämpfen will, kann man nicht genug von derartigen Erfahrungen haben.

l) Abwehr-Übung I

Bei dem Drachenklauen-Versuch lähmt A durch die Drachenklauen-Geste und das anschließende Berühren des Dritten Auges von B die Kraft von B. Ein Lebenskraft-Stau im Dritten Auge ist der Zustand des Opfers – und die Berührung des Dritten Auges von B lenkt dessen Lebenskraft in sein Drittes Auge. Zudem ist ein Drache ein Wesen, dem man sich in der Regel unterlegen fühlt – und wenn A die Geste der Drachenklaue macht und das Wort „Drachenklaue" ausspricht, fühlt sich B der Person

A unterlegen.

In der Kampfmagie geht es u.a. darum, solchen Angriffen zu widerstehen. Es ist also naheliegend, diese Übung so durchzuführen, daß B nicht nur passiv dabeisteht und schaut, was passiert, sondern daß er sich gegen den Einfluß von A auf ihn wehrt. Diese Gegenwehr hat zwei Aspekte: Zum einen kann er sich vorstellen, daß die Drachenklauen-Geste in Wirklichkeit eine Regenwurm-Geste ist, und zum anderen, daß er die Berühunrg seines Dritten Auges durch A innerlich „wegwischt" und seine Kraft in seinem Hara sammelt, da dies das Chakra des überlegenen Täters ist.

Die Umdeutung einer Geste ist eine weit verbreitete Methode: Wenn der eigene Chef einen zur Schnecke machen will, stellt man sich einfach vor, daß er nackt oder nur mit einer Badehose bekleidet ist – und schon hat sich der allergrößte Teil seiner Autorität aufgelöst.

m) Abwehr-Übung II

Dieselbe Übung kann man auch mit Shaolin-Versuch durchführen. Die beiden, die A festhalten, müssen also versuchen, A daran zu hindern, daß er die Situation definiert, also in seine freie Hand blickt und dann einfach fortgeht.

Dafür können B und C, die A festhalten, z.B. imaginieren, daß A einen dicke Eisenkugel am Bein hat, daß seine freie Hand vollkommen kraftlos ist, daß vor ihm eine dicke Wand aus Stein steht, daß ihm zum Erbrechen übel wird usw. Hier sind der Phantasie keine Grenzen gesetzt.

n) Abwehr-Übung III

Diese Übung ist schon für Fortgeschrittene gedacht, aber man kann sie auch als Anfänger ausprobieren, denn auf je mehr verschiedene Arten man die Lenkung der Lebenskraft kennenlernt, desto besser.

Dieses Experiment besteht darin, daß A die Person B, die sich ihm nähert, zur Seite hin ablenkt, sodaß sie A nicht berühren kann. Dazu imaginiert man vor allem, daß B zur Seite hin abweicht. Das kann man durch die verschiedensten Hilfsmittel unterstützen: daß A von B abgleitet, daß A die Orientierung verliert, daß A nicht mehr weiß, was er wollte, daß A vor B Angst bekommt usw.

Eine zweite Methode besteht darin, daß man wie bei der Hypnose sein eigenes Bewußtsein auf den Körper des anderen ausweitet und „den anderen geht", d.h. ihn so bewegt, wie man seinen eigenen Körper bewegt.

Dazu ist es natürlich sinnvoll, diese Ausweitung des eigenen Bewußtseins zunächst einmal entweder durch häufige Hypnose-Experimente oder durch die Ausweitung des eigenen Bewußtseins auf den physischen Körper und das Chakrensystem (Lebenskraftkörper) eines anderen zu Diagnosezwecken geübt hat.

Bei diesem Versuch ist – wie man unschwer erkennen kann – vor allem die innere Dominanz-Haltung entscheidend.

o) Abwehr-Übung IV

Bei den drei eben geschilderten Abwehr-Versuchen kann natürlich auch die angreifende Person A versuchen, die Abwehr von Person B auszuhebeln. Dazu sind z.B. solche abfälligen Bemerkung wie „Du Schwächling!", „Dein Hara ist ein Misthaufen!" oder „Du Schlampe!" bei vielen Menschen durchaus geeignet.

Sowohl wirkungsvolle Abwehr des Angriffs durch B als auch die wirkungsvolle Abwehr der Verteidigung durch A hängen davon ab, daß A und B die Schwachpunkte ihres Gegenübers erkennen und sie nutzen. Auch hier ist wie fast überall ein spielerisches Experimentieren mit den verschiedensten Worten und inneren Bildern und äußeren Gesten ausgesprochen hilfreich.

p) Schutzzauber I

Gegen alle kleineren Arten von magischen Angriffen hilft Humor. Humor wahrt die Eigenständigkeit und hilft, sich über die Ereignisse zu stellen und die unangenehmen Dinge abzuschütteln. Angst hingegen zieht hingegen das, wovor man Angst hat, in das eigene Leben und verstärkt es dann auch noch zusätzlich, wenn es eingetreten ist.

Doch Humor hilft – wie gesagt – nur gegen die kleineren Arten von magischen Angriffen. Diese Methode – Lachen gegen Angst und Gewalt – ist ein beliebtes Roman-Motiv – z.B. in „Stein und Flöte".

q) Schutzzauber II

Ein weiterer Schutz ist manchen Menschen angeboren – besonders denen mit dem Mars im 1. Haus ihres Horoskops: die unbekümmerte Aggressionsbereitschaft. Auch dies hilft nicht gegen die größeren Arten von magischen Angriffen, aber es hilft, die kleineren und vor allem die offensichtlicheren Arten von Angriffen abzuwehren – sowohl die physischen als auch die psychischen und die magischen.

r) Schutzzauber III

Eine klassische Methode, um Angriffe abzuwehren, sind Spiegel, die mit ihrer spiegelnden Seite auf den Angreifen, also von dem zu schützenden Ort fort, angebracht worden sind. Die spiegelnde Wirkung eines Spiegels ist derart offensichtlich, daß schon das Anbringen eines Spiegels eine Schutzwirkung hat. Spiegel u.ä. werden auch im Feng Shui verwendet, um unerwünschte Lebenskraft-Flüsse abzuwehren oder einfach in eine andere Richtung hin abzulenken.

s) Schutzzauber IV

Frater V.D. hat durch seine Bücher „Schule der Hohen Magie I + II" die sehr praktische Idee in Umlauf gebracht, daß man zum Selbstschutz „magische Tretminen" installieren kann. Dies sind Sätze, die die Absicht des Magiers ausdrücken und die dann mithilfe der Sigillen-Magie aktiviert werden.

Wenn jemand den betreffenden Magier angreift, bekommt er es sofort mit der in diesen Sigillen gespeicherten Magie zu tun.

t) Fernstöße

Alle diese Übungen führen letztlich dazu, daß man Fernstöße ausüben kann, d.h. daß man einen Menschen umstoßen kann ohne ihn physisch zu berühren. Das ist natürlich eine sehr deutlich fortgeschrittene Fähigkeit.

Auch hier ist die Ausweitung des eigenen Bewußtseins auf den anderen bzw. die enge Koppelung des eigenen Bewußtseins mit dem anderen die Grundlage.

Die Durchführung des Ablenkens einer Person, die auf einen zukommt, und der Fernstöße sind nichts, wofür man sich anstrengen muß. Es wird nur die richtige innere „Stimmung" benötigt: Ein entspanntes Ruhen in dem Bild von dem angestrebten Ergebnis. Es ist sozusagen eine sehr effektive Extremform des „positiven Denkens".

Man stellt sich innerlich das vor, was man erreichen will und dehnt dieses Bild dann auf den anderen aus.

Auch Hypnose und Fernhypnose, das Herbeiwünschen von Dingen und Ereignissen und ähnliches beruhen alle auf diesem einfachen Prinzip. Sie müssen nur ein ausreichend hohes Niveau bekommen – womit keine verkrampfte innere Anstrengung, sondern eine entspannte Selbstverständlichkeit gemeint ist.

- - -

Offensichtlich werden für die Kampfmagie keine besonderen Fähigkeiten gebraucht, sondern die Fähigkeiten, die man in der Magie ganz allgemein braucht. Die Kampfmagie ist also kein anderes „Werkzeug" als die auch ansonsten in der Magie verwendeten „Werkzeuge" – die Kampfmagie ist nur eine andere Anwendung derselben Werkzeuge, die man auch ansonsten in der Magie verwendet.

3. Das Erkennen von Schwachpunkten

Um einen Kampf gewinnen zu können bzw. bei einem Angriff von anderen nicht überwältigt zu werden, ist es sehr hilfreich, die eigenen Schwachpunkte zu kennen und auch die der anderen – und die eigenen Schwachpunkte möglichst gründlich zu heilen.

a) Die Chakrenpaar-Polarisierungen

Zum Auffinden dieser Schwachpunkte ist die Betrachtung einer eventuellen Polarisierung der Chakren am hilfreichsten.

Die sechs möglichen Abweichungen vom „in sich Ruhen" sind hier noch einmal aufgeführt:

Süchtiger: Mangel statt Fülle – die „zu laute" Haltung der Gier
Lebenskraft-Stau im Wurzelchakra / Lebenskraft-Mangel im Scheitelchakra
kann nichts abgeben, Diebstahl, Lügen, Betrug …

Asket: Mangel statt Fülle – die „zu leise" Haltung des Verzichts
Lebenskraft-Stau im Scheitelchakra / Lebenskraft-Mangel im Wurzelchakra
kann nichts für sich verlangen, Rechthaberei, Aufopferung …

Täter: Angst statt Kraft – die „zu laute" Haltung des Machtstrebens
Lebenskraft-Stau im Hara / Lebenskraft-Mangel im Dritten Auge
aggressiv, muß sich immer durchsetzen, grausam, Sadist …

Opfer: Angst statt Kraft – die „zu leise" Haltung der Ohnmacht
Lebenskraft-Stau im Dritten Auge / Lebenskraft-Mangel im Hara
ängstlich, Schuldgefühle, hohe Ansprüche an sich selber, Masochist …

Star: Selbstzweifel statt Selbstliebe – die „zu laute" Haltung des Ruhmsucht
Lebenskraft-Stau im Sonnengeflecht / Lebenskraft-Mangel im Halschakra
Angst nicht gesehen zu werden, Befehlen, Dominanz …

Fan: Selbstzweifel statt Selbstliebe – die „zu leise" Haltung der Scham
Lebenskraft-Stau im Halschakra / Lebenskraft-Mangel im Sonnengeflecht
Mauerblümchen, Selbsthaß, Unterwürfigkeit …

Jeder Mensch hat die Tendenz, eines oder mehrere dieser Chakren mehr zu betonen als die anderen Chakren – das ist nicht weiter schädlich. Nur wenn diese Betonung etwas Existentielles bekommt und „einrastet" und zu einer Fixierung auf ein bestimmtes Verhaltensmuster wird, bekommt der Betreffende ein Problem: Er verliert seine Elastizität, seine Flexibilität, sein Eigenständigkeit und wird leicht zu manipulieren und zu besiegen.

Daher ist das Heilen dieser „starren Einseitigkeiten", also der „fixierten Polarisierungen" notwendig, um wirklich effektiv kämpfen zu können. Das gilt insbesondere für die „in sich ruhen"-Strategie, aber auch für die „Dominanz"-Strategie. Beide benötigen die Fähigkeit, auch unter Streß eigenständig zu bleiben, d.h. sich nicht in das System des anderen hineinziehen zu lassen – was bedeutet, daß sie letztlich in ihrem Herzchakra verankert sein müssen.

Die Standfestigkeit ist zwar im Herzchakra verankert, aber das Hara kann seine Aufgabe nur dann wirklich erfüllen, wenn die Lebenskraft in ihm und im Dritten Augen ausgeglichen ist – und somit beide ein unverzerrter Selbstausdruck der Seele im Herzchakra sind.

Diese Standfestigkeit des Haras und die Orientierung des Dritten Auges ermöglichen gemeinsam, das man bewußt nach einem kurzen Innehalten aus dem Herzchakra heraus, also eigenständig handelt, statt nur reflexhaft zu reagieren.

b) Das eigene Horoskop

Die Deutung des eigenen Horoskops kann eine große Hilfe dabei sein, die eigenen Schwachpunkte zu erkennen. Wie bereits ausführlich dargestellt worden ist, sind es fast immer die astrologische Quadrate in dem eigenen Horoskop, die die eigenen Polarisierungen, Einseitigkeiten, wunden Punkte und somit auch die „Knöpfe" sind, die ein Außenstehender „drücken" kann, d.h. an denen ein Außenstehender ansetzen kann, um den Betreffenden zu manipulieren.

Es lohnt sich schon für das eigene „normale Leben", sich einmal um die Quadrate zu kümmern, sie zu verstehen und evtl. das eigene Verhalten an diesen Punkten zu verändern und zu heilen.

c) Schwachpunkte bei anderen erkennen

Jenachdem, welche Form von Kampfmagie man durchführen will, ist es wichtig, auch die Schwachpunkte des anderen erkennen zu können. Es gibt manche Menschen

– insbesondere solche, die viel gemobbt worden sind oder die körperlich beeinträchtigt sind – die aus Notwehr heraus gelernt haben, die Schwachpukte von anderen innerhalb von 3 Sekunden zu erkennen, und die zudem in der Lage sind, durch ein paar wohlgewählte Worte mit solcher Wucht in die wunden Punkte der Betreffenden zu schlagen, daß diese zusammenbrechen.

Diese Menschen haben diese Fähigkeit, also diese Form der Selbstverteidigung aus ihrer Not heraus gelernt – sie nutzen ihre eigenen astrologischen Quadrate, um andere zu verletzen.

Die Quadrate zeigen auch, welche Fähigkeiten man beim Angriff verwenden kann: Ein Quadrat ist auch wie ein Stock, ein Knüppel, ein Schwert, mit dem man zuschlagen kann. Ein Kampf und auch ein Magiekampf ist daher auch ein Kampf zwischen den Quadraten der beiden Kämpfer.

Entsprechend haben auch Menschen, die oft unterlegen gewesen sind, gelernt, sich klein und unauffällig zu machen, also ihre eigenen Quadrate zu verbergen, um niemanden zu einem Angriff auf sie zu verleiten. Das führt natürlich auf Dauer zu verdrängten Aggressionen und somit zu Magengeschwüren und ähnlichem.

Menschen, die das Erkennen von Schwachpunkten bei anderen aus der Not heraus gelernt haben, sind natürlich Profis in diesem Gebiet, aber man kann auch ohne einen solchen Hintergrund lernen, anhand der Haltung, der Gestik, der Mimik, der Bewegungen, der Betonungen, der Worte und Taten eines anderen dessen Schwachpunkte zu erkennen.

Eine mehr magische Methode besteht darin, in den Lebenskraftkörper des anderen hineinspüren und seine Chakren „scannen" und zu schauen, welches Chakra am schwächsten ist, d.h. in welchem Chakra sich ein Lebenskraft-Mangel befindet. Dieses Chakra wirkt dunkel, passiv, kalt, reglos u.ä.

Bei einem Lebenskraftmangel im Wurzelchakra (Asket) kann man den Betreffenden am besten durch das Aufzählen seiner (vermuteten) Süchte angreifen – er hat Angst vor seiner eigenen Gier.

Bei einem Lebenskraftmangel im Scheitelchakra (Süchtiger) kann man den Betreffenden am besten durch ätzenden Spott über seine Einsamkeit angreifen – er weiß nicht, wie er diese Wunde heilen soll.

Bei einem Lebenskraftmangel im Hara (Opfer) kann man den Betreffenden am besten durch heftige Drohungen angreifen – es hat massive Angst, schon wieder verletzt zu werden.

Bei einem Lebenskraftmangel im Dritten Auge (Täter) kann man den Betreffenden am besten durch das Verbreiten von Lügen und das Erzeugen von Illusionen angreifen – er hat wenig Orientierung und neigt daher oft zu blindem Aktionismus.

Bei einem Lebenskraftmangel im Sonnengeflecht (Fan) kann man den Betreffenden am besten durch das Aufzählen von Dingen, derer er sich schämt (Sex, Aggression, Größenwahn u.ä.) angreifen – er hat massive Angst, gesehen zu werden.

Bei einem Lebenskraftmangel im Halschakra (Star) kann man den Betreffenden am besten durch bissige Kritik und das Aufzählen seiner Fehler und Unfähigkeiten angreifen – er weiß, daß er eigentlich sehr viel kleiner ist als er sich selber darstellt.

Dieses Wissen kann man natürlich genausogut für die eigenen Heilung und auch für die Heilung von anderen einsetzen. Kein Wissen und kein Gegenstand ist von sich aus zerstörerisch – es ist immer die Frage, wie man sie einsetzt.

d) Polarisierung und Kraft

Es gibt zwei Dinge, die unterschieden werden sollten: die große Kraft z.B. im Hara, die jemand hat, weil er seine gesamte Lebenskraft in seinem Hara gestaut hat, und die große Kraft, die jemand in seinem Hara hat, weil er insgesamt sehr viel Lebenskraft hat. Jemand, der seine Lebenskraft in seinem Hara gestaut hat, lebt in Angst und versucht sich mithilfe der Täter-Haltung zu retten – jemand der insgesamt viel Lebenskraft hat, kann durchaus in sich selber ruhen.

Ein Täter wird in der Regel rücksichtsloser und hemmungsloser sein als jemand, der in seinem eigenen Herzchakra ruht, da sich ein Täter in einer Angst befindet und daher auf eine krankhafte Weise einsgerichtet ist, d.h. auf ein bestimmtes Thema fixiert ist. Dasselbe gilt natürlich für alle sechs Extrem-Haltungen: Der Süchtige und der Asket sind auf ihren Mangel fixiert, der Täter und das Opfer sind auf ihre Angst fixiert, und der Star und der Fan sind auf ihre Selbstzweifel fixiert.

Jemand, der in sich selber ruht, ist hingegen flexibel und elastisch und nimmt sowohl sich selber als auch seine Situation sehr viel klarer und umfassender wahr und kann auch die zu erwartenden Konsequenzen aus seinen Handlungen über einen längeren Zeitraum hin überschauen. Er handelt im Gegensatz zu den sechs Extrem-Typen auch nicht reflexhaft, sondern bewußt: Er kann innehalten, schauen, abwägen und dann bewußt entscheiden, was er tun will.

Die sechs Extrem-Typen reagieren in der Regel ein wenig schneller, aber auch reflexhafter und daher vorhersehbarer, während die Reaktion eines in sich ruhenden Menschen differenzierter sein kann. Auch diese Reaktionsweisen lassen sich oft vorhersehen, aber sie haben ein umfassenderes Fundament und sind daher letztlich

121

erfolgreicher.

Es stellt sich nun natürlich die Frage, wie jemand zu einem hohen Lebenskraft-Niveau kommt. Da gibt es naturgemäß wieder verschiedene Möglichkeiten:

- Der Süchtige steigert sein Lebenskraft-Niveau, indem er die Lebenskraft von anderen absaugt. Dies wird oft von (unbewußt) manipulierenden Worten und Handlungen begleitet, durch die er die anderen in sein eigenes Sucht-System hineinzieht und sie „co-abhängig" macht. Die Opfer dieses Lebenskraft-Vampirismus fühlen sich anschließend an den Kontakt mit diesem Süchtigen jedesmal ausgelaugt.

- Der Täter steigert sein Lebenskraft-Niveau, indem er möglichst dominant wird und sich andere gefügig macht und sie terrorisiert. Er erhält seine Lebenskraft dadurch, daß er mit anderen streitet und diese Streits gewinnt. Die Größe der Lebenskraft-Beute bei solch einem Streit hängt davon ab, wie groß die emotionale Beteiligung des Opfers bei dem Streit gewesen ist. Wenn der Täter das Opfer an dessen wunden Punkten trifft, wird das Opfer sehr emotional und fängt schließlich an zu flehen und weinen – und der Täter erhält die gesamte Lebenskraft, die in diesen Emotionen liegt.

- Der Star steigert sein Lebenskraft-Niveau, indem er immer bekannter wird, möglichst viele Bewunderer um sich schart, Zuschauer anzieht, und dann den gesamten Beifall aufsaugt, der die Lebenskraft enthält, die in der Begeisterung seiner Fans liegt. Diese Lebenskraft-Übertragung von den Fans auf den Star ist sehr real und kann so intensiv sein, daß der Star z.B. anschließend eine Nacht lang nicht zu schlafen braucht, weil er gar nicht erst müde wird.

Der Süchtige ist ein Lebenskraft-Vampir, der Täter ist ein Lebenskraft-Räuber und der Star ist ein Lebenskraft-Trinker. Der Süchtige holt sich die Lebenskraft heimlich, der Täter holt sie sich mit Gewalt und der Star überzeugt die anderen davon, ihm die Lebenskraft zu schenken.

Aus dem Gesagten ergibt sich bereits, daß es auch drei Extrem-Typen gibt, die ihre Lebenskraft ständig verlieren und dadurch schwächer werden:

- Der Asket schwächt sein Lebenskraft-Niveau, indem er zulässt, daß die Süchtigen sie ihm absaugen – während er ihnen als „Gutmensch" zu helfen versucht.

- Das <u>Opfer</u> schwächt sein Lebenskraft-Niveau, indem es zuläßt, von den Tätern malträtiert zu werden und sich nicht zu wehren versucht – und in der Regel nicht einmal sieht, daß eine Gegenwehr möglich wäre.

- Der <u>Fan</u> schwächt sein Lebenskraft-Niveau, indem er seinem Idol freiwillig seine eigene Lebenskraft schenkt – und dabei gar nicht merkt, was er tut.

Dies sind die drei Fälle, bei denen die Lebenskraft des einen mehr wird, weil er sie dem anderen abnimmt: Der Süchtige nimmt von sie dem Asketen, der Täter von dem Opfer, und der Star von dem Fan.

Es gibt jedoch auch die Möglichkeit, das eigene Lebenskraft-Niveau zu erhöhen, ohne diese Lebenskraft einem anderen fortzunehmen. Dabei gibt es zwei sich ergänzende Ansätze:

- Solange man in die Gefühle des Mangels, der Angst und der Selbstzweifel verstrickt ist, ist man labil, auf Unangenehmes fixiert, von Blockaden erfüllt und nicht wirklich bei sich selber. Das bedeutet, daß die Lebenskraft in einem nicht frei fließen kann, daß man durch seine Haltungen und Handlungen nicht wirklich sich selber ausdrückt und folglich nicht das lebt, was man wirklich ist. Dadurch ist zum einen die vorhandene Lebenskraft blockiert und von daher geschwächt und zum anderen geht auch Lebenskraft nach außen hin verloren, da das, was man tut, durch die inneren Widersprüche und Blockaden geprägt und daher uneffektiv ist.

Folglich ist die Auflösung der drei Gefühle des Mangels, der Angst und der Selbstzweifel eine Möglichkeit, sinnvoller mit der eigenen Lebenskraft umzugehen und sie besser zu nutzen – was unter anderem dazu führt, daß man weniger Schlaf und weniger Nahrung braucht.

Diese Selbstheilung führt dazu, daß der eigene Körper nun zu einem guten Gefäß für die eigene Lebenskraft wird – und nicht mehr wie vorher ein Sieb ist, aus dem die eigene Lebenskraft ständig herausfließt und dann verloren ist.

- Der zweite Ansatz zur Steigerung der Lebenskraft ist das Aufnehmen der Lebenskraft aus der Natur oder von Gottheiten.

Der Aufenthalt in der Natur, das sich-Sonnen, das Liegen auf dem Waldboden, das Aufnehmen von Mondlicht durch die Handchakren usw. sind alles Möglichkeiten, das eigene Lebenskraft-Niveau auf eine entspannte Weise zu erhöhen.

Von den Gottheiten kann man Lebenskraft durch Meditationen, Invokationen und ähnliche Methoden erhalten.

Mit der Lebenskraft aus der Natur und von den Gottheiten kann man sich natürlich nur dann beständig stärken, wenn man zuvor aus seine, Lebenskraft-körper-„Sieb" ein „Gefäß" gemacht hat.

Dieses erhöhte Lebenskraft-Niveau kommt dem Betreffenden dann sowohl in seinem Leben allgemein als auch in seiner Magie und in seiner Kampfmagie zugute. Zudem wird das Leben natürlich auch deutlich lebenswerter, wenn man sich selber gefunden hat und sich selber treu ist und daher das lebt, was man wirklich ist.

4. Die innere Stabilität

Die eigene Stabilität, d.h. vor allem der eigene innere Halt ist in jedem Kampf und auch in der Kampfmagie eine wichtige Grundlage.
Auch hier gibt es zwei Varianten:

- die eher kopflose und panische Vehemenz der Handlungen des Täters aus seinem Lebenskraft-überladenen Hara heraus und

- die gelassenen Handlungen des in sich ruhenden Menschen, der aus seiner Selbstgewißheit und aus seinen gleichmäßig mit Lebenskraft aufgeladenen Chakren heraus auf eine flexible und situationsangepaßte Weise handelt.

a) Die Sushumna

Man kann die eigene Sushumna ganz einfach dadurch stärken, daß man sie in sich als einen milchigweiß leuchten Licht-Lebenskraft-Stab imaginiert, der von dem Wurzelchakra bis zu dem Scheitelchakra reicht.
Ab und zu kann man diesen Stab auch weiter nach unten bis zum glühenden Erdkern und weiter nach oben bis zum strahlenden „Herz der Sonne" imaginieren und sich auf diese Weise zusätzlich mit Lebenskraft erfüllen.
Diese Übung wird evtl. Gefühle von einem „ganz-Sein" wecken, die man fast vergessen hatte und die man dann anschließend anstreben kann. Die Sushumna ist nur dann in einem Zustand, in dem man sie zu ihrer Stärkung imaginieren muß, wenn man sich zuvor auf eine Weise verhalten hat, die die eigene Sushumna geschwächt hat.
Alle Vorgänge in der Lebenskraft sind immer auch mit Vorgängen in der Psyche verbunden, sodaß man Probleme nicht rein Lebenskraft-technisch lösen kann, sondern jede Stärkung der eigenen Lebenskraft und der Strukturen in ihr wie der Sushumna und den Chakren auch immer eine psychische Heilung beinhaltet.

b) Die Mittlere Säule

Die bereits erwähnte „Übung der Mittleren Säule" ist die kabbalistische Variante der Imagination der Sushumna. Diese Mittlere Säule bzw. der gesamte kabbalistische Lebensbaum stellt auch den heilen, erleuchteten, vollkommen Menschen dar, der in der Kabbala „Adam Kadmon" genannt wird.

Die „Übung der Mittleren Säule" ist ein wichtiges Element vieler Meditationen und Rituale. Sie ist eine fünfteilige Säule, also eine Säule, die in „oben", „über der Mitte", „Mitte", „unter der Mitte" und „unten" unterteilt ist.

die Mittlere Säule				
Lage	*Name*	*Bereich*	*Farbe*	*Gottesname*
oben	Kether	Gott	weiß	Eheieh
über der Mitte	Da'ath	Gottheit	regenbogen-farben	Yod-Heh-Vau-He Elohim
Mitte	Tiphareth	Seele	golden	Yod-Heh-Vau-He Eloha va-Da'ath
unter der Mitte	Yesod	Verbündete, Psyche	violett	Schaddai el-Chai
unten	Malkuth	Körper	braun	Adonai ha-Aretz

Die „Übung der Mittleren Säule" wird wie folgt durchgeführt:

1. Einige Handbreit über dem Kopf wird Kether als gleißend weiße Kugel imaginiert und dabei der Gottesname von Kether intoniert, also auf einem gleichbleibenden Ton möglichst vollklingend und im Idealfall mit Obertönen und dem natürlichen Vibrato der Stimme gesungen: *„Eheieh"*.

2. Auf dem Scheitel, also am Sitz des Kronenchakras, wird Da'ath als in den Farben des Regenbogens strahlende Kugel imaginiert und dabei der Gottesname Da'aths intoniert: *„Yod-He-Vau-He Elohim"*.

3. In der Mitte der Brust, also am Sitz des Herzchakras, wird Tiphareth als goldgelb leuchtende Kugel imaginiert und der Gottesname Tiphareths intoniert: „Yod-He-Vau-He Eloha va-Daath".

4. Um die Genitalien herum, also am Sitz des Wurzelchakras und somit der Kundalini-Schlange, wird Yesod als violett glühende Kugel imaginiert und dabei der Gottesname Yesods intoniert: *„Schaddai el-Chai"*.

5. Unter den Füßen, also in der Erde, wird Malkuth als braune Kugel imaginiert und der Gottesname Malkuths intoniert: *„Adonai ha-Aretz"*.

5. Die Einsgerichtetheit

Die Konzentration, die bis zur Einsgerichtetheit hin gesteigert worden ist, ist nicht nur in der Kampfmagie, sondern auch in der Magie allgemein und auch im Alltag eine wichtige Grundlage für ein effektives Handeln.

a) Entschiedenheit und Einsgerichtetheit

Wenn man Zweifel darüber hat, was man tun will, wird die Tat nicht sonderlich effektiv werden, da dann die eigene Kraft nicht mobilisiert und gebündelt werden kann. Das gilt für die Magie genauso wie für jeden anderen Lebensbereich.

Es ist in der Kampfmagie auch ziemlich unpraktisch, wenn man fürchtet, dem anderen weh zu tun … Das bedeutet natürlich nicht, daß man, um Kampfmagie ausüben zu können, brutal oder sadistisch veranlagt sein müßte. Idealerweise kämpft man mit dem rechten Maß und mit Fingerspitzengefühl. Manchmal reicht es schließlich, dem anderen kräftig auf die Finger zu hauen – man muß ihm ja nicht gleich den Kopf abschlagen.

b) Einsgerichtetheit und Fanatismus

Man sollte – wie schon mehrfach beschrieben – die Einsgerichtetheit nicht mit Fanatismus verwechseln. Natürlich ist auch Fanatismus eine Form der Einsgerichtetheit, aber sie gründet nicht in der eigenen Wahrheit im eigenen Herzchakra, sondern auf einem Mangel, einer Angst oder Selbstzweifeln. Der Extremfall eines Fixierung ist die, die auf einem Trauma beruht, also auf einer Fixierung, die dem Betreffenden weitgehend unbewußt und unzugänglich ist und Panik hervorrufen kann.

Am verheerendsten sind kollektive Einsgerichtetheiten, die durch eine kollektive Angst oder eine allgemeine Manipulation („Gleichschaltung") verursacht werden. Wenn dies zur kollektiven Aggression oder zur Panik wird, entstehen Kriege, Bürgerkriege, ethnische Säuberungen oder eine Massenpanik – was alles mit vielen Toten endet …

c) Kerzen-Experiment

Dieser Versuch ist ausgesprochen einfach: Man entzündet eine Kerze, hält die Hand mit der Handfläche nach unten einen halben Meter über die Flamme und senkt die Hand ganz langsam nach unten bis man mit der Handfläche die Flamme verlöscht.

Unter normalen Umständen wird man sich dabei natürlich heftig die Hand verbrennen – aber es ist auch möglich, die Kerzenflamme ohne jeglichen Schmerz und ohne jede Verwundung zu löschen.

Der Trick? Es gibt keinen. Man kann es tun – das ist alles.

Dabei ist man auf eine entspannte Weise konzentriert und wird – wenn man dabei zu mehreren ist – wahrscheinlich auch des öfteren lachen. Dies ist eine sehr angenehme und natürliche Form der Einsgerichtetheit, die – wie es bei Einsgerichtetheiten üblich ist – auch erstaunliche magische Wirkungen hat.

d) Feuerlauf

Der Feuerlauf ist dasselbe Experiment wie zuvor „in groß". Man geht barfuß über Kohlen, bleibt auf glühenden Kohlen stehen, nimmt die Glut in die Hände, spielt mit Glutstückchen „Kirschkern-Spucken", ißt Glutstückchen auf usw. Der Kreativität sind hier wieder keine Grenzen gesetzt.

Auch hier gibt es keinen Trick und keinerlei Anleitung und auch keinerlei Regeln, wann der Feuerlauf funktioniert und wann man Brandblasen bekommt. Es liegt nicht an der Konzentration, nicht an der Vorbereitung, nicht an der Freiwilligkeit, nicht am Alter (auch kleine Kinder sind schon über die Glut gelaufen), nicht einmal das Tragen von Nylonstrümpfen ist ein Problem …

Man kann es tun – das ist alles, was man dazu sagen kann.

Das Gute an diesen Feuerläufen ist, daß man anschließend nicht mehr ernsthaft „Das kann ich nicht!" denken kann. Und man erlebt, daß man durchaus die Naturgesetze aushebeln kann: Die Glut ist 700°C heiß, bei Eichenholz sogar 800° – und bei 300° brennt bereits jedes Schnitzel an …

e) Sexualität

Man kann auch in der Sexualität beim Orgasmus die Einsgerichtetheit erleben. Wenn man dabei nicht von irgendetwas abgelenkt ist, sondern „ganz bei der Sache ist", ist auch der Genuß und das anschließende Gefühl der Erfüllung am größten.

Vermutlich ist diese Form der Ekstase das einfachste Beispiel, um jemandem zu erklären, was eine Einsgerichtetheit ist und wie sie sich anfühlt – daß sie zugleich noch eine große Wirkung hat, braucht man dabei vermutlich nicht extra zu erwähnen.

f) Sport und Wettkampf

Auch die Leistungen im Sport hängen sehr stark davon ab, wie konzentriert man dabei ist. Die für das Gewinnen eines Wettkampfes nötige Einsgerichtetheit wird im Fußball oft als „Gier", „Willen", „Aggression", „Biß" und ähnliches umschrieben.

g) Spiele

Dasselbe gilt auch für Spiele wie z.B. Schach, die man auch nur gewinnen kann, wenn man voll auf das Spiel konzentriert ist. Dabei findet die Einsgerichtetheit nicht im Körper, sondern in der Psyche statt – allerdings beginnt auch die körperliche Einsgerichtetheit in der Psyche, wie man durch eine kurze Betrachtung von Tätigkeiten wie Sex, Wettkämpfe, Trancetänze u.ä. leicht feststellen kann.

h) Arbeit

Auch für die Arbeit gilt dieses Prinzip – wenn auch in abgeschwächter Form, da sich Arbeiten in der Regel über einen lagen Zeitraum hin erstrecken. Doch auch die Arbeit geht am schnellsten und wird am effektivsten vollbracht, wenn man auf sie einsgerichtet ist. Daneben spielen jedoch auch Sachkenntnis und Routine eine große Rolle – die auch in der Magie nicht schaden …

6. Der physische Kampf

Ein längere Kampfsport-Ausbildung oder einige Jahre beim Militär sind eine gute Grundlage, um den unbedingten Verteidigungswillen zu wecken und zu stabilisieren.

Natürlich muß man keinen Schwarzen Gürtel im Judo und Karate haben, um Kampfmagie ausüben zu können, aber da es viele Menschen gibt, die eine ausgeprägte Hemmung sich selber zu verteidigen haben, sind in vielen Fällen einige Jahre der Übung im Kung Fu oder ähnlichem für viele Menschen sehr zu empfehlen.

Man kann diesen Verteidigungswillen durchaus auch auf andere Weisen wiederherstellen, aber wenn man niemanden hat, der mit einem zusammen nach dem besten Weg zu diesem Ziel sucht, ist eine Ausbildung in Judo, Karate, Kung Fu, Boxen, Jiu Jitsu, Capoeira usw. durchaus eine gute Erste Hilfe. Sinnvollerweise sollte man dabei eine Kampfsportart wählen, bei der man tatsächlich Zweikämpfe durchführt – was z.B. beim Capoeira nicht der Fall ist.

Falls es tatsächlich zu einem ernst gemeinten Kampf kommen sollte, in dem man jemanden begegnet, der einen von Angesicht zu Angesicht auch mit Magie angreift, kann man recht sicher davon ausgehen, daß der Betreffende nicht nur vor einem stehen und wild gestikulieren und Zauberflüche murmeln wird, sondern daß der Betreffende, wenn er schon die konkrete, physische Begegnung mit seinem potentiellen Opfer sucht, nicht nur magisch, sondern auch physisch angreifen wird.

Man kann allerdings davon ausgehen, das derartige physisch-magische Angriffe deutlich häufiger in Filmen als im Alltag zu finden sind …

Daher ist die Teilnahme an einem Karate-Kurs vor allem förderlich für die Selbstverteidigung in Alltags-Prügeleien in Kneipen und für die Erweckung des eigenen Verteidigungswillens.

7. Der innere Halt

Es wäre wünschenswert, daß es etwas gäbe, was einen Menschen ständig vor magischen Angriffen schützen kann. Glücklicherweise gibt auch etwas, was dem sehr nahe kommt. Die drei Verbündeten (Krafttier, Kraftpflanze, Kraftstein), die eigene Seele, die eigene Schutzgottheit und schließlich Gott (das „Gesamtbewußtsein der Welt") selber.

Natürlich schützen auch sie nicht gegen jegliche Schadensmagie und gegen jeden Kampfzauber, aber sie sind der sicherste Schutz, den man haben kann. Diese Wesen sind – wie schon gesagt – die Elemente der Mittleren Säule, die wiederum eine Differenzierung der Sushumna ist:

Kether	- Gott
Da'ath	- Schutzgottheit
Tiphareth	- Seele
Yesod	- die drei Verbündeten
Malkuth	- Körper

Die Hilfe, die man von ihnen jeweils erhält, ist verschieden:

- Der Körper in Malkuth kann sich wehren, aber er kann auch verletzt werden und wird letztendlich sterben.

- Die drei Verbündeten in Yesod kann man zum einen um Hilfe rufen und zum anderen kann man sich in ihrem Stil verhalten, was die eigenen Handlungen effektiver machen wird, weil die drei Verbündeten eben deshalb mit einem selber verbündet sind, weil sie dem eigenen wirklichen Stil entsprechen.

Der lebendige Kontakt zu den drei Verbündeten kann einen Menschen also stärker und effektiver machen. Dabei stärkt das Krafttier die eigenen Handlungen, die Kraftpflanze die eigenen Haltungen und der Kraftstein die eigenen Strukturen. Oder vereinfacht gesagt: Das Krafttier macht stärker, die Kraftpflanze macht standfester und der Kraftstein schützt die Grenzen.

- Die Seele in Tiphareth ist das Samenkorn, aus dem man selber entstanden ist: der Körper, die Psyche und der Lebenskraftkörper, dessen Organe die Chakren und dessen Adern die Nadis einschließlich der Sushumna sind.

Daher ist die eigene Seele der Hauptbezugspunkt im Leben – schließlich hat sie sich zu ihrer eigenen Inkarnation entschlossen und daher auch das Leben, das man derzeit führt, einschließlich der Kultur, der Eltern, des Horoskops und der Biographie beschlossen. Die eigene Seele ist somit die Quelle der eigenen Identität – und der Ausdruck ihres Wesens ist der Lebenssinn.

Die Seele hilft vor allem, die eigene Identität zu erkennen und sie zu wahren. Dadurch wird man auf eine vom eigenen Zentrum her kommende Weise standfest und selbstsicher. Durch den bewußten Kontakt zur eigenen Seele kann man nicht mehr von außen her vom eigenen Weg abgebracht werden und man wird sich auch nicht mehr in das System eines anderen hineinziehen lassen. Bei einem ausreichend starken Kontakt zu der eigenen Seele wird man daher unempfänglich gegenüber Suggestionen, Hypnose, Manipulation und ähnlichen Dingen.

- Die Schutzgottheit in Da'ath ist für die Kampfmagie vermutlich am wichtigsten. Sie enthält dieselbe Qualität wie die Seele und wie die drei Verbündeten, aber diese Qualität ist in ihr noch auf einem allgemeineren Niveau.

Eine Gottheit hat klar definierte Qualitäten, aber keine Grenzen – sie ist abgrenzungslos. Das bedeutet zum einen, daß durchaus 10.000 Menschen gleichzeitig innerlich z.B. mit Krishna reden und von ihm Rat und Hilfe erhalten können. Zum anderen bedeutet das, daß die Kraft einer Gottheit mehr oder weniger unbegrenzt ist – man kann keine Gottheit besiegen …

Wenn man nun mit der eigenen Schutzgottheit verbunden ist (oder wie auch immer man dieses Wesen nennen möchte), hat man eine unbegrenzte Kraft und ein grenzenloses Bewußtsein hinter sich. Das bedeutet noch nicht, daß man unbesiegbar ist, aber wenn man sich während eines Kampfes mit seiner Schutzgottheit verbunden hat, haben alle Gegner es extrem schwer, einen selber in irgendeiner Weise zu manipulieren oder zu schädigen.

- Gott ist der Bezugspunkt, auf den man sich immer zurückziehen kann. Auf der Ebene von Kether ist man unvergänglich, aber man hat keine eigene Form mehr und ist auch kein Individuum mehr, sondern ist unauflöslicher Bestandteil des Gesamt-Einheit.

Auf dieser Ebene ist man unangreifbar, da auch alle möglichen Angreifer Teil dieses Ganzen sind, weshalb jeglicher Kampf aus der Sicht von Kether nur ein interner Vorgang (in Gott) ist. Die eigene Individualität existiert auf dieser Ebene jedoch nicht mehr.

Man kann die Erlebnisse, die man mit dem eigenen Körper, mit den drei Verbündeten, mit der eigenen Seele, mit der eigenen Schutzgottheit und mit Gott gehabt hat, in der „Übung der Mittleren Säule" symbolisch zusammenfassen. Die „Übung der Mittleren Säule" kann man wiederum in der Kurzform der Sushumna-Imagination zusammenfassen und in Notfällen in Sekundenschnelle wieder in sich wachrufen: ein elastischer, senkrechter, milchigweißer Licht-Lebenskraft-Stab.

Dieser Stab ist der sicherste innere Halt, den man haben kann.

8. Die Stärkung

So wie man den physischen Körper durch Training und Wettkämpfe stärken kann, so kann man auch den eigenen Lebenskraftkörper auf vielfältige Weise stärken. Das ist nicht nur für die Kampfmagie sinnvoll, sondern auch für die Erhaltung der eigenen Gesundheit und zur Steigerung der eigenen Vitalität.

a) Atmung

Durch die Imagination, beim Einatmen Lebenskraft in ein bestimmtes Chakra zu lenken und diese Lebenskraft dort beim Ausatmen aufglühen zu lassen, kann man ein Chakra bewußter machen und es stärken.

Bei der Kampfmagie bzw. zur Vorbereitung auf einen Kampf wird man vermutlich entweder in das Herzchakra (in sich ruhen) oder in das Hara (Dominanz) atmen.

Diese Vorbereitung hat allerdings nur dann eine Wirkung, wenn man diese Atemübung regelmäßig durchführt.

b) Mantren

Ganz ähnlich steht es mit Mantren. Sie richten das Bewußtsein auf ein bestimmtes Ziel aus.

Wenn man ein Mantra mit der vorigen Methode kombiniert, als das Mantra innerlich beim Ein- und Ausatmen spricht, kann man das betreffende Chakra mit Lebenskraft (Atem) und mit der ausgewählten Qualität (Mantra) prägen und stärken.

c) Traumreise zu dem eigenen Mars

Eine Traumreise zum Mars, zu Ares, zu Samael, zu Sachmet, zu Thor oder sonst einer Gottheit oder einem ähnlichen Wesen, das mit Kampf zu tun hat, unternimmt, kann man möglicherweise einiges zu sich selber, zu dem eigenen Verhältnis zum Kämpfen und über das Kämpfen selber lernen.

Traumreisen, auf denen man garnichts Neues erfährt, sind sehr selten, d.h. sie lohnen sich fast immer.

d) Traumreisen zu Jagd-Gottheiten

Es ist naheliegend, auch einmal zu einer Jagdgottheit zu reisen wie zu der Panther-göttin von Göbekli Tepe und Çatal Höyük, zu der griechischen Diana, dem germanischen Ullr, der germanischen Skadi oder zu dem noch aus der Altsteinzeit stammenden Jagdgott, der weltweit mit dem Sternbild Orion („Himmelsjäger") assoziiert worden ist.

Diese Traumreise wird insbesondere für diejenigen hilfreich sein, die mit der Kampfmagie noch am hadern sind, da die Jagdgottheiten fast überall die Vorläufer der späteren Kampf- und Kriegs-Gottheiten gewesen sind. Die Wirkung des Akzeptierens und Nutzens der eigenen Aggressionen durch die Begegnung mit diesen Jagd-Gottheiten liegt darin begründet, daß Jäger eine viel existentiellere und direkte Begründung für ihr Töten haben: Sie wollen ihre Familie mit Nahrung versorgen.

e) Invokationen

Ganz allgemein werden auch Mars-Rituale, Samael-Anrufungen und Ares-Invokationen die eigene Kampfmotivation klären und die eigene Kampfkraft stärken. Insbesondere die Invokationen, bei denen man sich mit einer Gottheit identifiziert, sind hierfür sehr wirksam.

Die Gottheiten, die diese Wirkung haben, sind nicht nur diejenigen, die explizit mit Kampf und Krieg beschäftigt sind, sondern auch diejenigen, die sehr wehrhaft sind wie der ägyptische Krokodilgott Sobek, der germanische Schwertgott Tyr, der Bär aus den Schwitzhüttenritualen und ähnliche. Je nach der Art des Kämpfens, die einem selber am meisten liegt, wird man vielleicht auch einen listigen Gott wie Hermes, Loki, Iktomi oder Ananse anrufen oder auch einen Ekstase-Gott wie Dionysos, Odin, Shiva oder auch einen Gott, der zwar sirbt, aber wiedergeboren wird wie Osiris, Tammuz oder Baldur.

Die Wahl der Gottheit ist eine Stilfrage – und den eigenen Stil zu kennen und ihm treu zu sein, ist eine der wichtigsten Grundlagen dafür, sich erfolgreich zu verteidigen zu können und letztlich zu siegen.

f) Magie-Übung

Der letzte wichtige Punkt ist das Üben der Magie und das Anwenden der Magie, wobei es fast egal, was man übt – Hauptmache, man tut etwas, was mit Magie zu tun hat. Nur so erlangt man Erfahrung, Sachkenntnis, Unterscheidungsvermögen und Geschick im Handeln – und diese Dinge sind das, was zu einem großen Teil einen Magier erfolgreich sein läßt.

9. Die Ekstase-Methoden

Die Ekstase-Methoden sind ausgesprochen wirksam, aber sie sind heutzutage zumindestens in der Öffentlichkeit in der „zivilisierten Gesellschaft" zu auffällig, um alltagstauglich sein zu können. Auch vor einer Schlacht wäre eine Kampf-Ekstase sehr auffällig. Somit bliebe noch das Magier-Duell, was jedoch auch nicht gerade in jeder Magier-Biographie vorkommt.

Man kann die Kampf-Ekstase daher nur im stillen Kämmerlein oder besser noch auf einer abgelegenen Lichtung durchführen. Das ist jedoch durchaus lohnend, denn ein Geisteszustand, der einem vertraut ist, läßt sich in Situationen, in denen er auf einmal gebraucht wird, leichter wachrufen.

a) Stampfen

Das am weitesten bekannte und verwendete Element des Hervorrufens einer Ekstase ist das Stampfen, das oft noch von Schreiben, Brüllen und Toben begleitet wird. Dies ist die Ekstase-Technik, die man am besten auf der abgelegenen Waldlichtung übt, wo man bestenfalls ein paar Wildschweine aufscheucht.

b) Tanzen

Das Stampfen ist ein Element von vielen Extasetänzen. Die meisten klassischen europäischen Tanzarten sind eher ein Schweben, Drehen und Gleiten, also eine Konzentration auf die drei oberen Chakren. Erst die Tanzstile, sie sich im Zusammenhang mit der Rockmusik und mit dem Heavy Metal entwickelt haben, haben auch eine deutlich ekstatische Seite.

Wenn man sich bei den verschiedensten Kulturen umschaut findet man die ekstatischen Elemente vor allem in den Kriegstänzen, den Ahnentänzen und den Sonnentänzen.

In den Kriegstänzen wird entweder die Kraft eines Sieges wieder wachgerufen, die einst ein Häuptling in den betreffenden Tanz gebannt hat, oder es wird eine Kriegsgottheit angerufen. Solche Kriegstänze können selbst bei Ungeübten, wenn sie mit der richtigen Motivation, also mit dem Willen, jemand ganz Konkretes zu besiegen, in den Tanz gehen, eine erstaunliche Fülle an Kraft wachrufen oder hereinrufen.

Die Ahnentänze hingegen rufen generell den Rat und den Segen der Ahnen herbei –

sie sind so etwas wie eine kollektive Familienaufstellung, bei denen man bereits Frieden mit den Ahnen geschlossen hat. Das kann durchaus auch ein ekstatisches Erlebnis sein, aber es hat eine andere Qualität als die Kriegstanz-Ekstase: die Ahnentanz-Ekstase ist ruhiger und fließender – sie will nichts ändern, sondern etwas erhalten und stärken.

Die Sonnentänze haben schließlich das Erwachen der Sonne in einem selber zum Ziel, also das Erwachen des Sonnenchakras, d.h. des Herzchakras, wodurch dem Betreffenden die eigene Seele bewußt wird. Die Qualität dieser Ekstase ist noch einmal anders: Durch sie entsteht eine Selbstgewißheit und ein Strahlen, das sich durch nichts behindern läßt.

Auch wenn man die Kampfmagie erlernen will, ist es durchaus sinnvoll, auch an Ahnentänzen und Sonnentänzen teilzunehmen, wenn man die Möglichkeit dazu hat – und nicht nur an Kriegstänzen.

Eine moderne Form des Ekstase-Tanzes ist der Rave, der jedoch zunächst einmal keine klare Ausrichtung und daher auch keine klare Qualität hat. Daher kann er wie der Rockmusik-Tanz schnell zu einem sich-Austoben werden, was einer Ekstase zwar ähnlich, aber keineswegs dasselbe ist. Man kann dem Rave jedoch selber ein Ziel geben, also eine bestimmte Einsgerichtetheit anstreben, und ihn dadurch in einen zu einem Ekstase-Tanz machen. Allerdings fühlt sich ein Ekstasetanz noch einmal ganz anders an, wenn man ihn nicht alleine, sondern als Gruppe, die alle dasselbe Ziel haben, macht.

Das Stampfen ist vor allem im afrikanischen Tanz das prägende Element und es kommt auch in vielen indianischen Tänzen vor. Stampfen erdet und weckt die Kundalini …

c) Sex

Nun – beim Sex sollte man idealerweise einsgerichtet sein, da dann der Orgasmus am intensivsten ist. Eine gewisse Einsgerichtetheit ist notwendig, da sonst nichts funktioniert, aber das Erreichen einer großen Spannung und der anschließenden über eine längere Zeit gehaltenen Spannung, die sich dann schließlich entlädt, muß manchmal auch erst einmal gelernt werden.

d) Kundalini

Das Erwecken der Kundalini ist sozusagen der „Klassiker" unter den Ekstase—Methoden. Die Bilder in den Tempeln von Göbekli Tepe vor 12.000 Jahren zeigen, daß die bei dieser Meditation aus der Erde in das Wurzelchakra und dann weiter durch den Körper aufsteigenden Kraft früher als ein Geschenk der Schlangen, d.h. der Ahnengeister aufgefaßt worden ist. Die Kundalini wird heute wie vor 12.000 Jahren noch immer als Schlange dargestellt.

Das Erwecken der Kundalini kann durch jede beliebige Ekstase-Methode geschehen, weiterhin durch Imaginationen, Atem-Lenkung in das Wurzelchakra, Einsgerichtetheit usw. Das Erwecken der Kundalini ist ein komplexes Thema.

Bei Bedarf können die Grundzüge in meinem Buch „Kundalini für Anfänger" nachgelesen werden.

10. Das Großraubtier

Das Großraubtier ist bereits in der Höhlenmalerei das Symbol für den starken Jäger gewesen. Von dieser Symbolik hat sich bereits in der Altsteinzeit auch das Symbol des starken Magiers, d.h. des Schamanen abgeleitet. In der Jungsteinzeit hat sich im Zusammenhang mit der Viehzucht dann die Symbolik des starken Hirten entwickelt, der bald auch zu dem starken Krieger geworden ist, da er seine Herden auch gegen Viehraub durch andere Stämme schützen mußte. Schließlich wurde zu Beginn der Epoche des Königtums daraus dann der starke König.

Das Großraubtier ist also das Symbol der Stärke des Jägers, des Schamanen, des Hirten, des Kriegers und des Königs, also das Symbol der Stärke schlechthin.

Man sollte annehmen, daß es nicht sonderlich geschickt von einen angehenden Magie-Krieger wäre, eine solch alte Symbolik vollständig außer Acht zu lassen und sie nicht für seine Zwecke zu nutzen.

Die folgenden Vorschläge sind nur einige Anregungen – es gibt eine große Fülle an Mythen über das Großraubtier und über Bären-Männer, Panther-Jäger, Leoparden-Priester, Jaguar-Schamanen und auch über Löwengöttinnen, Panthergöttinnen, Katzengöttinnen usw. Wenn einem dieser Ansatz zusagt, gibt es hier eine reiche Überlieferung, die man durch Studium und vor allem durch Experimente erforschen kann.

a) Der Löwenmann

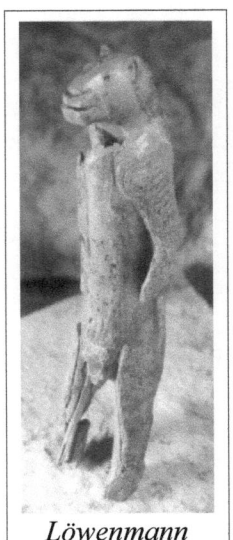

Löwenmann

Aus der späten Altsteinzeit vor 40.000 Jahren stammt eine geschnitzte Elfenbein-Figur, die im allgemeinen „Löwenmann" genannt wird. Möglicherweise stellt der Kopf dieses Mannes tatsächlich einen Höhlenlöwen dar, vielleicht jedoch auch einen Panther.

Man kann sich das Bild dieses Löwenmannes betrachten und dann die Augen schließen und sich vorstellen, zu diesem Löwenmann zu werden – natürlich nicht zu dieser Elfenbein-Figur, sondern zu einem lebendigen Mann mit einem Löwenkopf. Dann schaut man, welche Bilder, Gefühle und Impulse in einem auftauchen. Möglicherweise entwickelt sich dann daraus auch eine Traumreise.

b)   Die Traumreise nach Göbekli Tepe

Um eine Traumreise nach Göbekli Tepe unternehmen zu können, ist es hilfreich, eine Vorstellung von den damaligen Tempeln zu haben, in denen die Panthergöttin verehrt worden ist. Daher folgt hier erst einmal eine Beschreibung dieser Tempel, die sich aus den altsteinzeitlichen Schwitzhütten entwickelt haben.

Die Tempel von Göbekli Tepe bestanden aus sechs Elementen:

   - eine innere, kreisförmige Mauer mit einem Durchmesser von 10m oder mehr aus aufeinander geschichteten Steinen, auf der sich ein Kuppeldach aus Stöcken und Fellen befand;

   - eine äußere kreisförmige Mauer aus aufeinander geschichteten Steinen, die die innere Kreismauer im Abstand von ca. 1m umschloß und ebenfalls von einer Ast/Fell-Kuppel überdacht war;

   - eine kurze Mauer, die an einer Stelle die beiden Kreismauern miteinander verbunden hat;

   - ein kurzer Gang aus zwei Steinmauern mit Ast/Fell-Dach, der zu dem äußeren Mauerkreis und in ihn hinein führte;

   - in der Regel acht rechteckigen Pfeilern in der inneren Kreismauer, die stark stilisierte Menschen darstellen;

   - zwei ebenfalls rechteckige, aber größere Pfeiler in der Mitte des Tempels, die ebenfalls Menschen darstellen.

Von außen betrachtet wirkt das Ganze wie ein großer Iglu: eine Kuppel, zu der ein kurzer röhrenartiger Gang führt. Die Iglus der Eskimos sind letztlich die an die Umgebung angepaßten Wohnhütten der Altsteinzeit – Hütten aus Eisblöcken.

Die Symbolik dieser Tempel ist schlicht und ergreifend:

   - die innere Kuppel ist das Kind,
   - die äußere Kuppel ist der Bauch der Mutter,
   - die kurze Verbindungsmauer zwischen beiden ist die Nabelschnur,
   - der Gang ist die Vagina der Mutter;
   - die acht Menschen-Pfeiler sind die Ahnen,
   - die beiden großen Pfeiler in der Mitte sind vermutlich Leib und Seele.

Das den Tempeln zugrundeliegende Bild ist dasselbe wie in den Schwitzhütten: die Menschen im Bauch der Großen Mutter, die zudem von ihren Ahnen beschützt werden.

Die acht Pfeiler gehen vermutlich auf die Äste, aus denen man eine Schwitzhütte errichtet, zurück. Die „8" ist die Zahl der Vollständigkeit und Vollkommenheit. (In den heutigen Schwitzhütten werden meistens 12 Äste verwendet, da die „12" die „8" in ihrer Symbolik abgelöst hat.)

Der Gang vor dem Tempel ist möglicherweise von den Wohnhütten übernommen worden – zumindestens spricht der Eingangs-Gang der Iglus für diese Deutung. Dieser Gang wird die Funktion gehabt haben, die Wärme besser in der Hütte bzw. in dem Iglu zu halten.

Es gibt noch drei weitere architektonische Details in diesen Tempeln:

- eine aus Steinen aufgeschichtete Bank, die an der inneren Kreismauer innen rings umherführt und Platz für ungefahr 30 Menschen bot (das war damals die ungefähre Sippengröße);

- vor dem Eingang des Ganges stand oft eine Steinplatte, auf der Tiere eingraviert gewesen sind oder auf der zwei Panther-Skulpturen gestanden haben und die in der Mitte ein Loch hatte, durch das man in den Gang kriechen konnte – die Öffnung des Schoßes der Mutter;

- in der Tempelmauer standen manchmal anstelle der Quader-Säulen auch steinerne Totempfähle, auf denen durch Reliefs von Menschen und Tieren verschiedene Themen dargestellt worden sind.

Um den Tempel zu betreten, mußte man durch den Lochstein kriechen, dann durch den Gang krabbeln und schließlich mithilfe von zwei kurzen Leitern außen über den inneren Mauerring hinauf und dann innen wieder hinabklettern.

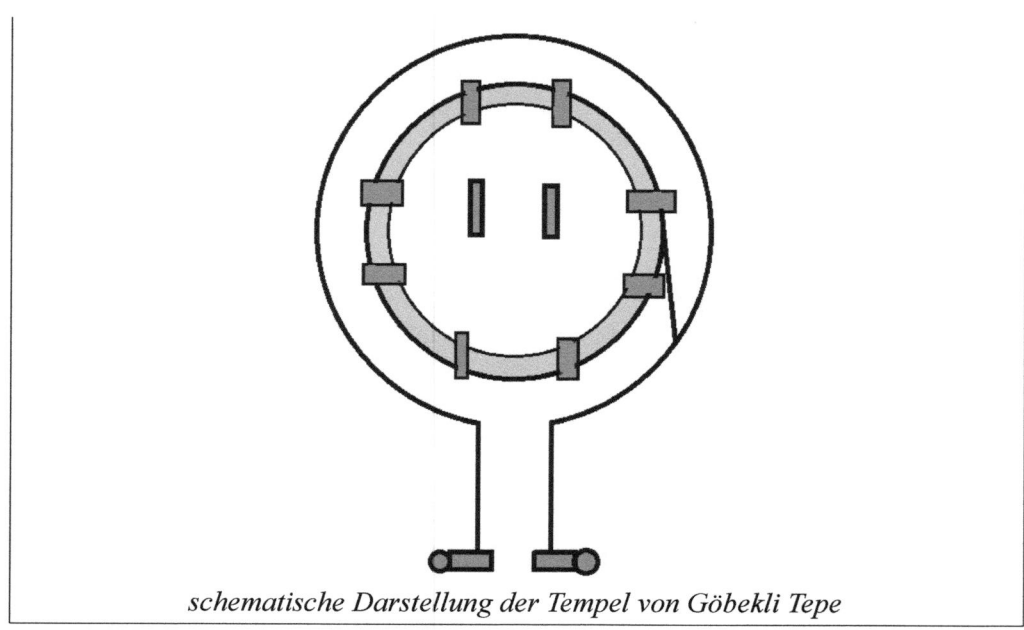

schematische Darstellung der Tempel von Göbekli Tepe

- dunkelgraue Form unten: Der Eingang ist eine Steinplatte mit einem Loch. Auf dieser Steinplatte befinden sich zwei Panther-Statuetten – die Panther der Mutter-Göttin, aus denen sehr viel später die beiden Katzen der Freya geworden sind. Die Steinplatte ist die Scham der Erdgöttin.
- Gang zu dem äußeren Kreis: die Vagina der Erdgöttin
- äußerer Kreis: die Gebärmutter der Erdgöttin
- innerer Kreis: das Kind im Bauch der Erdgöttin
- Linie zwischen den beiden Kreisen: Nabelschnur zwischen Erdgöttin und Kind
- hellgrauer Kreisring: Sitzbank im Tempelinneren
- acht dunkelgraue Rechtecke in der Tempelwand: Statuen der Ahnen
- zwei dunkelgraue Rechtecke in der Tempelmitte: vermutlich Symbole für den Leib und die Seele des Menschen

Das Bild auf der nächsten Seite ist eine Rekonstruktion eines der Tempel von Göbekli Tepe – ohne die beiden Kuppeldächer aus Ästen und Fellen auf den beiden Mauerkreisen.

142

Rekonstruktion eines der Tempel von Göbekli Tepe
(ohne die beiden ineinanderstehenden Kuppeldächer auf den beiden Steinkreisen)

Diese Traumreise kann man auf eine ganz einfache Weise beginnen: Man legt sich hin und stellt sich vor, nach Nord-Mesopotamien zu dem Berg „Göbekli Tepe" zu fliegen und dann dort 12.000 Jahre zurück in die Vergangenheit zu reisen.

Dann geht man zu einem dieser „Schwitzhütten-Tempel" auf diesem Berg, geht durch den Gang in sie hinein, klettert mithilfe von zwei Leitern über die innere Mauer und ruft dann dort innen in dem durch Öllämpchen erleuchteten Raum die Göttin und bittet sie, einem zu erscheinen.

Alles, was man dann sagt und tut, wenn sie erschienen ist, muß man dann selber schauen.

Wenn man möchte, kann man sich auch die Bilder der Göttin aus der Alt- und Jungsteinzeit in meinem Buch „Die Göttin von Göbekli Tepe" anschauen und weitere Einzelheiten zu ihr finden – aber vielleicht sollte man das erst nach der Traumreise machen, damit man nicht durch die Bilder beeinflußt wird. Wenn man erst nach der Traumreise diese Bilder anschaut und diese Beschreibungen liest, kann man evtl.

auch einige Übereinstimmungen zwischen der eigenen Traumreise und den archäologischen Funden feststellen.

In dem genannten Buch finden sich auch drei Traumreisen von mir selber zu der Göttin von Göbekli Tepe.

c) Der Bär in der Schwitzhütte

Wenn man an einer Schwitzhütte teilnimmt, ist es recht wahrscheinlich, daß auch die vier Tiere angerufen werden: die Schlange im Westen, die das Kleine kennt; der Adler im Osten, der das Große kennt; der Bär im Norden, der den Egoismus schützt; und die Weiße Büffelfrau im Süden, die die Gemeinschaft schützt.

Dann hat man in der Schwitzhütte Gelegenheit, mit dem Bären zu sprechen und ihn zu Themen wie der Standfestigkeit, der Durchsetzung und der Kampfmagie zu befragen und von ihm vielleicht auch nicht nur Rat, sondern auch Hilfe zu erhalten.

d) Die Invokation des Großraubtiers

Auf welche Weise man das Großraubtier invozieren will und welches Großraubtier oder welche Großtaubtier-Gottheit man dafür auswählt, sollte man selber entscheiden. Es ist natürlich naheliegend, als erstes das Großraubtier bzw. die Großraubtier-Gottheit zu invozieren, die einem am sympathischsten ist.

Doch man sollte zumindestens auch eine Traumreise zu dem Tier bzw. der Gottheit unternehmen, die einem am unsympathischsten ist – von wird man vermutlich am meisten lernen können …

e) Der Kult des Großraubtiers

Man kann, wenn man mit dem Großraubtier und den Großraubtier-Gottheiten intensive und förderliche Erlebnisse gehabt hat und wenn sich das passend anfühlt, das betreffende Tier bzw. die Gottheit auch kultisch verehren.

Dafür besorgt man sich ein Bild oder eine Statue der Gottheit, stellt sie auf einen kleinen Altar und führt täglich ein zu ihr passendes Ritual durch: Weihrauch räuchern, eine Kerze mit der passenden Farbe entzünden, eine Hymne an sie improvisieren, eine Traumreise zu ihr unternehmen, für sie tanzen oder singen oder beides – das kann man so gestalten, wie sich das passend anfühlt.

Durch eine solche kultische Verehrung baut man eine deutlich intensivere und festere Verbindung zu dem Großraubtier bzw. zu der Großraubtier-Gottheit auf. Diese Verbindung kann man dann anschließend in der Kampfmagie nutzen.

Es könnte auch förderlich sein, einmal den Tempel einer solchen Gottheit zu besuchen. Ein solcher Tempel, der zum einen einfach zugänglich und zugleich auch noch intakt ist, ist der Tempel der Löwengöttin Sachmet im Norden des Tempelbezirks von Karnak in Ägypten. In diesem Tempel steht noch immer die Statue der Göttin – und ihre Ausstrahlung ist derart intensiv, daß einem die Haare zu Berge stehen.

Ägypten ist natürlich weit entfernt, aber wenn man die Möglichkeit hat, sollte man einmal diesen recht unscheinbaren, aber sehr lohnenden Tempel aufsuchen.

11. Verschiedene magische Kampfmethoden

Es gibt einige einzelne Methoden der Kampfmagie bzw. allgemein der aggressiven Magie, deren Kenntnis hilfreich ist – sowohl um sie benutzen zu können als auch, um sich gegen sie verteidigen zu können.

a) Lebenskraft-Vampirismus

Der Lebenskraft-Vampirismus läßt sich nicht einfach beschreiben. Der Vampir erlebt eine Art von „diffusem Saugen", das ihn stärker macht. Dieser Vorgang muß nicht unbedingt bewußt ablaufen, sondern kann auch unbewußt in Gang gesetzt werden. In der Regel geht er von Süchtigen, Opfern und Fans aus – bei denen dies eher unbewußt abläuft – , aber auch manchmal von Asketen, Tätern und Stars – bei denen dies manchmal auch ein bewußter Vorgang ist.

Dieses Saugen von Lebenskraft ist auch aus Krankenhäusern, Altenheimen und von ähnlichen Orten gut bekannt – das Personal dort kennt diese diffuse Erschöpfung, die bei der Arbeit dort entsteht, nur zu gut. An solchen Orten kommt das Fließen der Lebenskraft von den Gesunden/Jungen zu den Kranken/Alten ganz einfach dadurch zustande, daß zwischen dem Lebenskraft-Niveau der beiden Gruppen ein so großer Unterschied besteht und die Lebenskraft sozusagen vom „Gipfel" in das „Tal" hinab fließt.

Ein Problem für den Lebenskraft-Vampir besteht darin, daß er mit der Lebenskraft, die er aufsaugt, auch die Eigenschaften des ausgesaugten Menschen aufnimmt – also Alkoholsucht, Depressionen, Sexgier, Rechthaberei, Aggressivität usw. Die Übernahme solcher Eigenschaften ist ein recht sicherer Nachweis für den Lebenskraft-Vampirismus.

Durch diesen Vorgang wird der Vampir stärker, wacher und lebendiger, während sein Opfer schwächer, müder und motivationsloser wird.

Im Kampf wird dieser Fluß der Lebenskraft von dem einen zu dem anderen am ehesten durch eine große Dominanz, durch Beleidigungen und generell durch das Definieren des Rahmens, in dem man sich begegnet, bewirkt. Wer die Bedingungen des Treffens bestimmen kann, hat den Kampf schon halb gewonnen.

Das aktive und bewußte Absaugen der Lebenskraft von dem anderen während eines physischen Kampfes wird wahrscheinlich kaum durchführbar sein.

b) Flüche

Es gibt zwar insbesondere in Comics die beliebte Szene, in der zwei Zauberer voreinander stehen und sich gegenseitig mit Flüchen bombardieren (z.B. in „Asterix im Morgenland"), aber eine solche Szene wird man im Alltag vermutlich nie erleben.

Flüche werden eher heimlich auf den Feind losgeschickt oder evtl. noch direkt vor dem Kampf im Zusammenhang mit gegenseitigen Beleidigungen – aber auch dieser zweite Fall ist schon recht altmodisch und eher aus Rittergeschichten während der Belagerung einer Burg bekannt.

c) Voodoo-Püppchen

Voodoo-Püppchen sind möglichst naturgetreue Nachbildungen von Menschen mithilfe von Stroh, Stoff, Fäden u.ä. Sie enthalten in der Regel einen abgeschnittenen Fingernagel, etwas Blut, Haare o.ä. von dem Menschen, der durch das Püppchen dargestellt wird.

Durch das Aussehen des Püppchens und durch die Substanz von dem Körper des Betreffenden wird eine Analogie zwischen dem Betreffenden und dem Püppchen hergestellt. Das bedeutet, daß das, was man dem Püppchen symbolisch zufügt, auch dem Betreffenden geschieht: Wenn man das Püppchen verbrennt, gerät auch der Betreffende in ein Feuer; wenn man Püppchen unter Wasser taucht, wird der Betreffende ertrinken usw.

Natürlich muß man dem Püppchen nicht unbedingt Schaden zufügen, sondern kann es auch füttern, beschützen, mit Heilcremes bestreichen, es mit Lebenskraft aufladen – z.B. um jemanden, der in Seenot geraten und verschollen ist, zu helfen.

Es gibt generell nur die neutralen Methoden der Magie – Magie ist wie ein Handwerk. Diese handwerklichen Möglichkeiten kann man dann für die verschiedensten Zwecke einsetzen – was man dann landläufig „Weiße Magie" oder „Schwarze Magie" nennen würde. Es gibt jedoch keine zwei Arten von Magie, sondern nur „Weiße Motivationen" und „Schwarze Motivationen" – wobei auch die Einordnung der Motivationen in „weiß" und „schwarz" von Mensch zu Mensch und von Kultur zu Kultur sehr unterschiedlich sein kann.

d) Spiritus familiaris

Der Spiritus familiaris, der manchmal auch „Hausgeist" genannt wird (statt der exakten Übersetzung „Familiengeist"), ist ein künstlich hergestellter Geist. Er ist sozusagen die „light"-Variante eines Golems. Die Inspiration dafür bzw. das Urbild dazu ist die Erschaffung des ersten Menschen aus Lehm.

Rein Magie-technisch gesehen ist ein Spiritus familiaris einem Talisman sehr ähnlich, auch wenn es einige Unterschiede gibt.

Um solch einen Geist herzustellen, geht man wie folgt vor:

- Man entscheidet, wofür man den Geist gebrauchen will: Als Wächter, als Bote, als Krieger, als Liebesabenteuer-Beschaffer, als Schatzsucher usw.

- Dann wählt man eine passende Gestalt für den Geist aus: einen Hund als Wächter, einen Vogel als Bote, eine Amazone als Kriegerin, Pan als Liebes-abenteuer-Beschaffer, einen Hund als Schatzsucher usw.

- Als nächstes beschafft man sich gelben Lehm sowie Bienenwachs und erhitzt an Vollmond in einem Topf zwei Teile feuchten Lehm zusammen mit einem Teil Bienenwachs, bis der Wachs schmilzt. Dann wird beides gründlich verrührt. Schließlich wird aus der Lehm/Wachs-Masse die ausgewählte Figur geformt.

- Aus Kamillenblüten wird ein Absud gekocht (dicker, starker Tee), zu dem am Schluß etwas „Aurum chloratum C200" (eine homöopathische Gold-Tinktur) sowie ein paar Tropfen des eigenen Blutes hinzugefügt werden.

- In die Unterseite der noch nicht ausgekühlten und daher noch weichen Figur wird mit einem Stab o.ä. ein röhrenförmiges Loch gebohrt. In dieses Loch wird die Kamille/Gold/Blut-Tinktur gegossen. Danach verschließt man dieses Loch mit einem Pfropfen aus der Lehm/Wachs-Mischung.

- Dann läßt man die Figur vollständig trocknen und auskühlen. Sie fühlt sich dann organisch wie Haut oder Knochen an und ist zugleich sehr hart und sehr elastisch.

- Als nächstes gibt man der Figur, d.h. dem Geist in ihr, einen Namen, der zu seiner geplanten Aufgabe paßt.

- Für die Weihung hält man die Figur in der linken Hand und hält die rechte Hand über sie und imaginiert, daß aus der rechten Hand nacheinander das Element Erde, Wasser, Luft, Feuer und Licht in die Figur fließen.

- Je nach dem Charakter der Figur kann man sie auch mit Sonnenlicht,

148

Mondlicht, Wind u.ä. aufladen. Man kann auch einen der Planeten oder eine Gottheit bitten, den Geist in der Figur zu stärken. Hier sind der Phantasie keine Grenzen gesetzt. Auch Menstruationsblut und Samen sind schon erfolgreich für die Stärkung eines solchen Geistes benutzt worden.

- Nach einer Weile kann man dann spüren, daß die Figur „lebendig" zu werden beginnt: Sie scheint heiß zu werden oder zu pulsieren, wenn man sie in seiner Hand hält; möglicherweise erscheint sie auch in den eigenen Träumen oder auf Traumreisen oder man fühlt sich von ihr gerufen.

- Ab diesem Zeitpunkt kann man ihr dann Aufgaben geben, indem man den Geist in der Figur mit dem Namen anspricht, den man ihm gegeben hat, und ihm sagt, was er tun soll.

Dieser Geist ist offensichtlich vollkommen künstlich hergestellt worden. Manchmal wird diese Art von Geist auch „Psychogone" genannt.

Das eben angeführte „Rezept" enthält alles Sonnen-Zutaten. Wenn man z.B. einen Geist mit Mond-Eigenschaften herstellen will, kann man weißen Ton, Stearin, Mohnblumen und Argentum C200 verwenden. Entsprechend kann man die Zutaten auch für andere Planeten variieren.

Das Prinzip „Körper und Füllung", das bei dem Spiritus familiaris angewendet worden ist (Lehm/Wachs-Figur mit einer Tinktur in ihr) entspricht dem Herstellungsverfahren von Zauberstäben, bei dem eine Holzröhre mit einer magischen Substanz gefüllt wird. Dieses Verfahren ist durch die „Harry Potter"-Bücher wieder weithin bekannt geworden.

Für den Spiritus familiaris gilt dasselbe wie für die Voodoo-Püppchen: Sie sind an sich weder „gut" noch „böse", sondern können für die verschiedensten Zwecke verwendet werden.

Das Bedenkliche an einem solchen Spiritus familiaris ist der Umstand, daß der Magier einen Teil seiner eigenen Lebenskraft in diesen Geist fließen läßt und dadurch eine feste Verbindung zu ihm hat – wie zu einem Haustier oder sogar zu einem eigenen Kind. Solch ein Hausgeist entwickelt sich weiter und kann immer stärker und auch komplexer und daher eigenständiger werden. Dadurch wird dieser Hausgeist mit der Zeit zu einer Art zusätzlichem Lebenskraft-Arm des Magiers, der sehr wirksam Magie ausüben kann, aber der den Magier auch verletzlich macht, wenn jemand anderes diesen Hausgeist in die Hände bekommt.

Es ist auch ein Problem, solch einen Hausgeist wieder aufzulösen; Man fühlt sich bestenfalls amputiert und bekommt schlimmstenfalls Herzrasen und einen Schwächeanfall.

Ob man solche Hausgeister auch bei einem Magie-Kampf zu Hilfe rufen kann, ist mir nicht bekannt, aber es gibt eigentlich keinen Grund, warum dies nicht möglich sein sollte. Da sie bei Schadenszaubern sehr effektiv sind, sollten sie auch bei einem physisch-magischen Kampf eine große Unterstützung sein können.

e) Nadis zerschneiden

Das imaginative Zerschneiden der Nadis des Gegners ist eine Technik, die eine hohe Konzentrations- und Imaginations-Fähigkeit erfordert, um wirksam zu sein.

Wenn man seinen Gegner nicht gut kennt, wird man wahrscheinlich den „Dreifachen Erwärmer" angreifen – seinen Verlauf im Körper kann man auf jeder Übersicht über die Akupunktur-Meridiane sehen. Dieser Akupunktur-Meridin ist für die Energieversorgung im Körper zuständig.

Wenn man seinen Gegner hingegen gut einschätzen kann und weiß, wo seine Schwachpunkte liegen und wenn man zudem das System der Akupunktur-Meridiane gut genug kennt, kann man auch einen der anderen Meridiane angreifen.

Die Verteidigung gegen einen solchen Angriff ist entweder das Ruhen im eigenen Herzchakra, also die Selbstgewißheit, oder ein starkes Hara, d.h. eine solide Dominanz-Haltung.

f) Fernhypnose

Die Fernhypnose funktioniert wie die Hypnose, aber man imaginiert den zu hypnotisierenden Menschen lediglich vor sich. Diese Technik sollte man erst ein paarmal mit einem Freiwilligen ausprobieren, bevor man sie im Ernstfall anwendet. Diese Methode von dem Gefühl bei ihrer Durchführung her sozusagen eine Mischung aus Hypnose und Evokation.

Dies ist eine sehr effektive Form des Schadenszaubers: Wenn der Angegriffene gerade auf der Autobahn fährt, kann eine solche Fernhypnose heftige Folgen haben …

Gegen Fernhypnose hilft dasselbe wie gegen Hypnose und wie gegen die Zertrennung eines Nadis: in-sich-Ruhen oder Dominanz.

g) verschiedene Zauber

Für Schadenszauber können die verschiedensten Methoden angewendet werden. In den mittelalterliuchen Texten findet sich so allerlei vom dem stumpf-Machen von Waffen über Nebelzauber bis hin zu Hagelzaubern – wobei dies noch die harmloseren sind. Einige gefürchtete Zauber zielten auf Impotenz, Krankheiten und Tod ab.

In den meisten Fällen sind jedoch keine konkreten Anleitungen zu finden – was auch nicht unbedingt beklagenswert ist.

h) Kampf-Mudras

Kampf-Mudras sind vor allem aus der indisch-tibetischen Überlieferung der Maha-siddhis bekannt. Ähnliche Gesten gibt es auch in der westlichen Magie, aber es sind unter ihnen kaum Kampf-Gesten zu finden – evtl. taugen einige Runen-Handhaltun-gen zu diesem Zweck.

Eine tatsächlich wahrnehmbare Wirkung eines solchen Kampf-Mudras ist jedoch nur zu erwarten, wenn der betreffende Magier über ausreichende Konzentrations- und Imaginations-Fähigkeiten verfügt und zudem die betreffende Geste ausreichend oft geübt hat.

Die Wahrscheinlichkeit, daß man in der westlichen Welt mit einem wirksamen Kampf-Mudra konfrontiert wird, ist ausgesprochen gering.

i) Amulette und Talismane

Amulette und Talismane gibt es in allen Arten, Formen, Größen, Materialien, Far-ben und Ausrichtungen. In der Regel sind sie für den Schutz ausgelegt und sehr viel seltener für den Angriff. Auch hier hängt die Effektivität wieder sehr stark von den Fähigkeiten des Magiers ab, der den Talisman bzw. das Amulett angefertigt hat.

j) Todeszauber

Mein Kollege Frater V.D. weist in seinem Buch „Schule der Hohen Magie" darauf hin, daß es einen wichtigen Unterschied bei magischen Angriffen gibt, der von der Kultur abhängt, aus der der betreffende Magier stammt.

Innerhalb der jüdisch-christlich-islamisch geprägten Religionen und der durch sie geprägten Kulturen gibt es eine starke Mord-Hemmung. In vielen Naturreligionen in Afrika, Mittelamerika u.ä. ist diese Mord-Hemmung jedoch nicht vorhanden. Daher sind Flüche von Vertretern dieser Kultur deutlich gefährlicher – sie sind in ihrem Zerstörungswillen deutlich heftiger.

12. Die drei Bereiche des Kampfes

Ein Kampf kann im Wesentlichen in drei Bereichen stattfinden: Er kann ein physischer, ein psychischer oder ein magischer Kampf sein. Dies sind der Kampfsport, der Psychoterror und die Kampfmagie.

Diese drei Arten des Kampfes kann man auf acht Weisen miteinander kombinieren. Diese acht Arten des Kampfes sind:

1. Der physische Kampf: Diese einfachste Form reicht von der ganz normalen Prügelei über die Box-Weltmeisterschaft bis hin zum Krieg. Sie ist sehr weit verbreitet.

2. Der psychische Kampf: Er findet auf der Ebene der Gefühle, Worte und Bilder statt. Er findet sich – leider – in vielen Beziehungen und Familien und auch im Berufsleben und im Alltag. Hier wird das Streben nach Dominanz durch das Verletzen der Schwachpunkte der anderen, durch Unberechenbarkeit im Handeln, durch Beleidigungen, durch Lügen und Drohungen, durch Suggestionen usw. durchgeführt. Die Extremform dieser Art des Kampfes ist der Psychoterror mit all seinen vielen verschiedenen Gemeinheiten und seinem oft sadistischen Spiel auf der Klaviatur des Mangels, der Angst und der Selbstzweifel, durch die beim Gegner Verzicht, Ohnmacht und Selbsthaß erzeugt werden sollen.

3. Der magische Kampf: Diese Form des Kampfes findet fast immer im Verborgenen, also nicht in der Gegenwart des Opfers statt: Schadenszauber, Flüche, Bindungs-Zauber u.ä. Es gibt auch magische Kämpfe, bei der beide beteiligte Menschen sich einander gegenüberstehen und sich gegenseitig mit Flüchen belegen, die Nadis des anderen zerschneiden, den anderen zu hypnotisieren versuchen usw. Doch diese Form des Kampfes ist in der Realität äußerst selten – im Gegensatz zu ihrem häufigen Auftreten in Fantasy-Filmen.

4. Der physisch-psychische Kampf: Das Standard-Beispiel hierfür ist der Ehemann, der seine Frau psychisch und physisch terrorisiert – wobei diese „häusliche Gewalt" natürlich auch von der Frau ausgehen kann.

Die Kombination dieser beiden Ebenen im Kampf führt oft dazu, daß der Verlierer völlig zusammenbricht, weil er gar keine Möglichkeit mehr sieht, sich zu verteidigen.

Im Kampf zwischen zwei Völkern ist diese Kombination der Krieg, der durch die psychologische Kriegsführung unterstützt wird: Falschinformationen, Propaganda, Flugblätter, Sabotage, Attentate – auch hier sind die Menschen leider wieder sehr erfinderisch gewesen.

5. Der physisch-magische Kampf: Diese Variante ist durch die fernöstlichen Filme über Shaolin, Kung Fu, Karate u.ä., in denen die physische Kraft magisch durch Telekinese in hohem Maße verstärkt wird, sehr populär geworden. Auch Meister Yoda hat in „Star Wars" diese Art des Kampfes gelehrt. Häufig wird in diesen Filmen die physisch-magische Methode mit der rein magischen Methode, also durch Fernstöße, Levitation (Schweben), das magische Entzünden von Feuer u.ä. kombiniert. Insbesondere die chinesischen Fantasy/Kampfkunst-Filme, die wohl ein Gegengewicht zu den amerikanischen MCU-Filmen darstellen sollen, betonen die Magie sehr stark.

Auch wenn in diesen Filmen die Fähigkeiten der Kämpfer sehr stark übertrieben werden, beruhen sie doch letztlich auf real möglichen magischen Fähigkeiten, wie die Shaolin-Kämpfer, die Feuerläufe, die Fernstöße der Systema-Kämpfer u.ä. zeigen.

Die Chance, in solch einen Kampf zu geraten, ist sehr klein. Natürlich gibt es auch Menschen, die Kampfsport gelernt und dabei eine hohe Einsgerichtetheit erlangt haben und dadurch unbewußt eine leichte Form der Telekinese verwenden, aber ein Magier-Krieger auf Profi-Niveau wird einem sehr wahrscheinlich nicht begegnen, wenn man nicht sehr gezielt nach ihm sucht.

6. Der psychisch-magische Kampf: Dies kann eine sehr heimtückische Methode sein, da hier für den Angreifer die Möglichkeit besteht, vollkommen unerkannt zu bleiben. Die Kombination aus Psychoterror und Schadenszaubern kann ausgesprochen unangenehm werden – nicht zuletzt, weil der Angegriffene erst einmal den Angriff als solchen erkennen muß und weil er sich dann gegen einen Gegener verteidigen muß, von dem er nicht weiß, wer er ist.

Der Psychoterror kann aus Verleumdungen, dem Ausstreuen von Gerüchten, dem Zusenden von gefälschten Briefen aller Art, anonymen Drohungen usw. bestehen. Wenn dieser für die meisten Menschen zermürbende Dauerbeschuß der Psyche noch durch Flüche u.ä. unterstützt wird, ist es eine echte Herausforderung, dem standzuhalten und diesen Angriff schließlich vollständig abzuwehren.

7. Der physisch-psychisch-magische Kampf: Dieser „Angriff auf allen Ebenen" ist eher selten, da schon der physisch-magische Angriff eine Seltenheit ist. Zudem agieren Magier, die einem anderen schaden wollen, lieber im Verborgenen. Der wahrscheinlichste Fall ist noch der Mann mit Magie-Kenntnissen, der eine oder mehrere Frauen terrorisiert und sie sich gefügig macht. Aber auch das dürfte nicht allzuhäufig vorkommen.

Der kollektive Fall dieses „Kampfes auf allen Ebenen" ist der physische Angriff z.B. auf eine Stadt, der durch Magie vorbereitet worden ist und bei dem die Bewohner der Stadt durch Falschinformationen, Drohungen, Täuschungen u.ä. bereits vor dem eigentlichen physischen Angriff eingeschüchtert worden sind.

8. Der nicht-Kampf: Der nicht-Kampf findet sich entweder bei dem Narren, der sich nicht zu wehren weiß, oder bei dem Weisen, der so sehr in sich selber ruht, daß er erst garnicht von anderen angegriffen wird.

Vielleicht werden diese Varianten und ihre Wirkungen noch ein bißchen klarer, wenn man sie als „Tarot-Geschichte" erzählt.

Der *Herrscher* (4.) kämpft auf der physischen Ebene und kann dort auch helfen.

Die *Hohepriesterin* (2.) kennt die Ebene der Psyche und kann dort helfen und handeln.

Für die magische Ebene ist der *Magier* (1.) zuständig.

Die *Herrscherin* (3.) kennt sowohl die physische als auch die psychische Ebene und ist in ihnen gleichermaßen aktiv.

Der *Siegeswagen* (7.) hat eine sehr große Wirkung, da er seine physischen Aktionen durch Magie unterstützt.

Bei Vorgängen in der psychischen und in der magischen Ebene kann man den *Hohepriester* (5.) um Rat fragen.

Den größten Einfluß und die größte Kraft hat die *Stärke* (8.), da sie auf allen drei Ebenen handelt und wirksam ist.

Die Unfähigkeit sich zu verteidigen kennzeichnet den *Narren* (0.), während die Unnötigkeit sich zu verteidigen, ein Merkmal der *Sonne* (19.) ist, die vollkommen in sich selber ruht.

Die größte Gefahr in einem Kampf ist der *Tod* (13.). Er kann jedoch auch die Verwandlung vom Narren zum Krieger und weiter zum Weisen darstellen.

Wirklich effektiv kann der Krieger nur kämpfen, wenn er seinen tiefsten Ängsten, also seinem Schatten, d.h. dem *Teufel* (15.) begegnet ist, denn nur wer den Tod nicht fürchtet, kann wirklich einsgerichtet kämpfen und wird nicht durch seine Ängste abgelenkt.

Um diesen heilen Zustand zu erreichen, ist der *Hängende* (12.) notwendig, der sich zum einem den eigenen dunklen Seiten stellt und der sich zum anderen ganz einem Ziel unterordnen kann.

Um diesen Zustand des „vollkommenen Kriegers" zu erreichen, wird in den meisten Fällen der Rückzug, die Selbstbesinnung, das gründliche Studium und das geduldige Üben notwendig sein, das durch den *Einsiedler* (9.) verkörpert wird.

Wenn man sich dieser Selbsterkundung widmet, wird man nicht dem *Turm* (16.), also der Zerstörung begegnen, sondern man wird den *Mond* (18.), d.h. das Reich der

Lebenskraft finden, von der die Magie ausgeht.

Wenn man durch diese Selbsterkundung hindurchgegangen ist, kann man zu einem deutlich effektiveren Selbstausdruck zurückkehren – man gelangt zu einer *Auferstehung* (20.).

Ab diesem Stadium kann man effektiv mit dem Auf und Ab des *Schicksalsrades* (10.) umgehen und tanzt dann in sich ruhend den Tanz des Lebens wie die „*Welt*" (21.)

Auf dem Weg zu diesem Ziel gibt es verschiedene Hilfen: Eine von ihnen ist das Prinzip, daß man nichts im Extrem tun sollte, wie „*das rechte Maß*" (14.) sagt. Eine weitere, dem recht ähnliche Hilfe ist es, darauf zu achten, daß alles im Gleichgewicht ist, wie es die „*Gerechtigkeit*" (11.) nahelegt. Man sollte auch nicht alleine durchs Leben gehen, sondern von der *Liebe* (6.) getragen werden. Schließlich ist es noch eine sehr große Hilfe, wenn man seine eigenen Grenzen auflöst, d.h. sich seiner eigenen Schutzgottheit, d.h. dem Reich des „*Sterns*" (17.) öffnet.

13. Die beiden Ebenen der Kampfmagie

Wie überall in der Magie gibt es auch in der Kampfmagie zwei Ebenen, die jeweils ein Teil der gewöhnlichen und der außergewöhnlichen Magie sind.

Bei der gewöhnlichen Magie benutzt man Kerzen, Schutzkreise, Räucherwerk, Amulette, Anrufungen, Rituale, Planetenstände, Konzentrationen, Imaginationen, Trommeln, Mantren, Chanten usw. Diese Form der Magie ist sozusagen „handwerklich": Man folgt einer bestimmten Prozedur, die dann auch eine bestimmte Wirkung hat. Diese Wirkung ist jedoch eher klein: das Wiederfinden von etwas Verlorenem durch Telepathie, das Bewegen kleiner Gegenstände durch Telekinese, die Lenkung des Zufalls u.ä.

Bei der außergewöhnlichen Magie benutzt man keine Hilfsmittel – man tut es einfach. Man konzentriert sich auch nicht lange Zeit mit großer Anstrengung, sondern man bewirkt es einfach. Man bereitet sich darauf auch nicht vor und man weiß auch nicht, wie man es macht – es geschieht aus einem selber heraus oder durch einen selber hindurch. Die Wirkung ist sehr groß: man geht über glühende Kohlen, man materialisiert etwas, man läßt eine Person umfallen, man heilt ein verbogenes Rückgrat, man löst eine Krankheit auf und dergleichen mehr. Diese Wirkungen gehören teilweise schon in die Kategorie „Wunder".

In der Kampfmagie lenkt man bei der gewöhnlichen Magie die Lebenskraft, spricht Flüche aus, benutzt ein Voodoo-Püppchen usw. und ruft damit eine mehr oder weniger große Wirkung hervor.

Bei der außergewöhnlichen Kampfmagie entscheidet man einfach, was geschieht und bewirkt auf diese Weise z.B. Fernstöße oder übernimmt vollständig die Regie in dem Bewußtsein eines anderen.

So wie man die außergewöhnliche Magie nicht lernen, sondern nur tun kann, kann man auch die außergewöhnliche Kampfmagie nicht lernen, sondern nur tun. Das klingt jetzt natürlich ziemlich stark nach Zen-Buddhismus, aber es entspricht den Erfahrungen mit der Magie.

Patrick Rothfuss hat diese beiden Ebenen in der Magie in seiner „Kingkiller-Trilogie" sehr anschaulich als den Unterschied zwischen „handwerklicher Magie" und dem „Kennen der Namen der Dinge" unterschieden. Man kann die außergewöhnliche Magie nicht erlernen, aber man kann sich ihr annähern, indem man Magie betreibt, meditiert, sich selber erforscht, Blockaden im eigenen Inneren auflöst, und sich dadurch allmählich dem abgrenzungslosen Bereich annähert.

Dieser abgrenzunglose Bereich, in dem die außergewöhnliche Magie einschließlich der außergewöhnlichen Kampfmagie stattfindet, ist auf der Mittleren Säule Da'ath und er ist im Bereich der Wesen, mit denen man verbunden ist, die Schutzgottheit. Die außergewöhnliche Magie ist die „Magie der Gottheiten".

Buddha hat diesen Bereich die Ebene der Erleuchteten genannt, auf der die Menschen einen grenzenlosen Gleichmut, eine grenzenlose Barmherzigkeit, eine grenzenlose Liebe und eine grenzenlose Freude haben. Man könnte ergänzen, daß sie auch eine grenzenlose magische Macht haben und deshalb Wunder tun können. Diese Fähigkeit würde man in Indien „Siddhis" nennen.

Glücklicherweise wächst mit der magischen Macht auch die Verbundenheit mit allen Wesen, sodaß Menschen ihre außergewöhnlich große magische Macht in der Regel nicht für grausame Ziele einsetzen.

Für die außergewöhnliche Magie braucht man kein Rezept, sondern das eigene Wachstum – wobei auf dem Weg dorthin die Begegnung mit der eigenen Schutzgottheit, dem eigenen Clanwesen, der eigenen göttlichen Qualität oder wie auch immer man dieses abgrenzungslose Wesen in Da'ath nennen will, der wichtigste Schritt ist, der letztlich das Tor zu der außergewöhnlichen Magie und somit auch zu der außergewöhnlichen Kampfmagie öffnet.

Wie allgemein üblich, sieht der Weg zu der außergewöhnlichen Magie nicht immer so aus wie er jetzt hier beschrieben worden ist – dafür ist die Welt und schon ein einzelner Mensch viel zu komplex:

- Haben wirklich alle Mitglieder der Systema-Gruppe einen bewußten Kontakt zu ihrer Schutzgott? Sehr wahrscheinlich nicht.

- Hilft der Kontakt zu der eigenen Schutzgottheit gegen Angriffe von Mitglieder der Systema? Dies kann ein Freund von mir ganz klar bejahen.

- Sind die Mitglieder der Systema bereit, Dinge einfach auszuprobieren und wenn sie funktionieren, sie auch zu benutzen? Ja – in diesem Sinne ist zumindest ihr Weltbild abgrenzungslos.

- Glauben die Shaolin an Gottheiten? Nein – aber Buddha und die Bodhidharmas und viele andere Wesen wie z.B. Kuan Yin haben im buddhistischen Weltbild genau dieselbe Funktion wie die Gottheiten in anderen Religionen.

- Was machen christlich orientierte Magier, da es im Christentum nur einen einzigen Gott gibt? Im Alten Testament und auch für Christus war Gott noch ein Gott unter vielen, aber eben der mächtigste – und heute haben die Heiligen die Rolle der Gottheiten übernommen.

Man sollte daher ganz pragmatisch eben das tun und glauben, was man will, offen für neue Erkenntnisse sein und schauen, was funktioniert und was wohin führt. Dann wird man, wenn man es wirklich nachhaltig anstrebt, schließlich von der gewöhnlichen (Kampf-)Magie in Yesod, die mit dem Krafttrier, der Kraftpflanze und dem Kraftstein verbunden ist, zu der außergewöhnlichen (Kampf-)Magie in Da'ath, die mit den Göttern verbunden ist, gelangen.

14. Das Lernen mit Anleitung

Wenn man Kampfmagie bei jemandem lernen will, ist die Auswahl nicht sonderlich groß.

Man kann natürlich Karate lernen – auch das Zerschlagen von Backsteinen mit der Handkante ist ja schon eine beachtliche Leistung. Eine gezielte Ausbildung in der magischen Seite des Kämpfens wird man jedoch in einem Karate-Kurs sehr wahrscheinlich nicht finden.

Jenachdem welchen Magier-Orden man aufsucht, wird man vielleicht immerhin ein wenig Schwarze Magie oder zumindestens Dunkelgraue Magie finden und einiges über Schadenszauber lernen können.

Die Verstärkung der physischen Kräfte durch Magie bzw. durch Telekinese findet man am ehesten im Shaolin Kung Fu. Doch sofern man nicht gleich für mehrere Jahre nach China auswandert, muß man auch erst einmal im Westen einen fähigen Shaolin-Meister finden.

Ähnliches gilt auch für das Systema der russischen SpezNas. Es gibt inzwischen einige Schulen in Deutschland, wo diese Kampfkunst gelehrt wird, aber inwieweit dort auch tatsächlich magische Fähigkeiten wie die Fernstöße von den Lehrern beherrscht und von ihnen auch unterrichtet werden, muß man erst einmal überprüfen.

Doch dieses Problem der Suche nach den passenden Lehrern gab es schon immer. Der tibetische Nationalheilige Milarepa hat zunächst Schwarze Magie erlernt und mit ihr im Auftrag seiner Mutter fast alle Einwohner eines Dorfes getötet. Anschließend ist er zu einem Yogi in die Lehre gegangen, um Meditieren zu lernen. Als der Yogi nach ein paar Wochen erkannt hat, daß seine Methode für Milarepa nicht die richtige ist, haben sie zusammen überlegt, bei wem er erfolgreich lernen könnte. Nach einigen Irrtümern haben sie schließlich Marpa Lotsawa gefunden, der Milarepa erfolgreich anleiten konnte.

Leider haben heutzutage (und vermutlich auch damals) nicht alle Lehrer das Niveau, daß sie erkennen und sich eingestehen können, daß sie nicht der richtige Lehrer für einen ihrer Schüler sind. In dieser Hinsicht hat Milarepa Glück gehabt – dem Lehrer war wirklich an Milarepa gelegen und er hat deshalb zusammen mit seinem Schüler überlegt, welcher Lehrer für Milarepa der richtige sein könnte.

Also beginnt man mit der eigenen Suche am besten dort, wo es einem am vielversprechendsten erscheint und wo man ohne großen Aufwand hingelangen und lernen kann. Dann sucht man Schritt für Schritt weiter und wechselt den Lehrer, wenn man das Gefühl hat, an einem Ort nichts mehr hinzulernen zu können.

Das ist ein Weg, dessen Verlauf man nicht kennt und von dem man auch nicht genau weiß, wie das aussehen wird, was man auf ihm schließlich finden wird.

15. Die Wahl des Weges

Eine grundlegende Entscheidung wird es beim Erlernen der Kampfmagie früher oder später sein, ob man den Weg des Herzchakras oder den Weg der Dominanz gehen will. Diese Wahl kann man natürlich leicht so absolut formulieren, aber es gibt natürlich auch die verschiedensten Kombinationen und Mischformen dieser beiden Ansätze.

Ein Magier, der den Weg des „in sich Ruhens" verfolgt, kann durchaus in manchen Situationen auch einmal dominant werden. Und genausogut kann ein Dominanz-Magier durchaus mitfühlend und großzügig sein. Natürlich gibt es auch die beiden Reinformen des ungestört lebenden Weisen und des alle einschüchternden Macht-Magiers, aber diese beiden Formen werden nicht allzu häufig sein.

Letztlich dient diese Unterscheidung vor allem dazu, diese beiden verschiedenen Ansätze deutlich zu machen – schließlich existieren beide und sie sind auch sehr unterschiedlich:

> - Der Herzchakra-Weg ist sehr ichbezogen – im Sinne der Lebensverbesserung durch Selbstheilung.

> - Auch der Dominanz-Magier ist ichbezogen – jedoch im Sinne des Strebens nach dem Sieg in jeder nur erdenklichen Situation.

Der Herzchakra-Weg ermöglicht letztlich einen größeren Frieden, da die Magier, die diesen Ansatz verfolgen, die Welt bejahen. Dies ist die Richtung der Mystik und des Yoga.

Die Magier, die dem Dominanz-Weg folgen, haben jedoch das Problem, daß der Tod sie letztendlich auf jeden Fall besiegen wird. Dies ist vor allem die Richtung der Gnostiker.

Vermutlich wird kaum jemand bewußt zwischen diesen beiden Möglichkeiten wählen – die Entscheidung ergibt sich vielmahr aus dem Charakter des jeweiligen Magiers, also aus seinem Erleben der Welt und aus seiner Sicht auf die Welt.

16. Weisheit

In Indien legt man in der Meditation die rechte Hand in die linke Hand, weil die rechte Hand die Stärke repräsentiert und die linke Hand die Weisheit, die bei dieser Handhaltung die rechte Hand trägt – die Weisheit sollte die Stärke lenken …

Auch beim Kabbalistischen Kreuz und auf dem Lebensbaum allgemein entspricht die Stärke (Geburah) der rechten Seite und die Weisheit (Chesed) der linken Seite. Daher ist Chesed, die 4. Sephirah, die Grundlage von Geburah, das die 5. Sephirah ist und auf Chesed beruht.

Auf diese Weise sollte man es auch mit der Kampfmagie halten: Man sollte sie nur dort anwenden, wo sie notwendig ist, aber dann auf eine effektive Weise.

a) Die Ursprünge eines Kampfes

Man sollte, wenn man ein Magie-Krieger werden will, die Dynamik von Streits und Kämpfen und Kriegen gründlich untersuchen und verstehen und nutzen – sowohl um Frieden schaffen und erhalten zu können als auch um erfolgreich kämpfen zu können.

Eine gründliche Betrachtung dieses Themas würde jedoch ein mehrbändiges Werk füllen. Die Standard-Motivationen für den Beginn von Kämpfen sind jedoch recht leicht zu beschreiben:

- der Mangel des Süchtigen: Seine Gier will immer noch mehr haben und ist mit nichts wirklich zufrieden. Wenn mehrere solcher Süchtiger aufeinandertreffen, gibt es heftige Verteilungskämpfe. Dies ist der Kriegs-Typ des Raubüberfalls.

- der Mangel des Asketen: Sein Verzicht will zu einer allgemeinegültigen Verhaltensregel für alle werden, weshalb der Asket manchmal despotische Systeme errichtet, in der der freie Wille der Einzelnen weitestgehend unterdrückt wird. Dies ist der Kriegs-Typ des Dogmatikers.

- die Angst des Täters: Seine Machtgier führt dazu, daß er keine Ruhe findet, bis er nicht der Allermächtigste ist, der alles kontrolliert – und dann hat er Angst, diese Macht wieder zu verlieren, und kontrolliert deshalb alles noch strikter und unterdrückt und zerstört jegliche andere Macht noch heftiger. Dies ist der Kriegs-Typ des Eroberers.

- die <u>Angst des Opfers</u>: Seine Ohnmacht kann dazu führen, daß er sich mit anderen Opfern zusammentut und eine Revolution anzettelt und dann – wenn er siegt – Gesetze erläßt, die jeden unter Androhung hoher Strafen zum „Gutsein" verpflichten. Dies ist der Kriegs-Typ des Volksbefreiers.

- die <u>Selbstzweifel des Stars</u>: Seine Ruhmgier führt ihn dazu, immer neue Bühnen und immer neuen Beifall zu brauchen, um als ruhmreichster Feldherr in die Geschichtsbücher einzugehen. Dies ist der Kriegs-Typ des Narzißsten.

- die <u>Selbstzweifel des Fans</u>: Seine Schuldgefühle und seine Scham führen ihn dazu, sich ständig anderen unterzuordnen – was schließlich dazu führt, daß er sich völlig mißachtet fühlt (und oft auch wirklich verachtet wird) und dann einen Aufstand macht und einen Regimesturz anstrebt. Dies ist der Kriegs-Typ des Tyrannenmörders.

Natürlich gibt es von diesen sechs Typen allerlei Mischformen und die gesamte Dynamik ist ausgesprochen komplex, aber diese sechs Typen können schon einmal eine erste Orientierung geben. Damit ist natürlich weder die Entstehung dieser sechs Typen beschrieben noch ihre Heilung – aber das würde – wie gesagt – mehrere dicke Bücher füllen.

Eine der bisher besten Schilderung der inneren und äußeren Dynamik eines Despoten findet sich in den sechs „Harry Potter"-Bänden in der Darstellung des Voldemort. Diese Darstellung ist ausgesprochen realitätnah – J.K. Rowling hat lange Zeit bei Amnesty International gearbeitet …

b) Verfolgungswahn & Co.

Es gibt magische Angriffe – daran besteht kein Zweifel. Aber es gibt auch viele Erlebnisse, die man für magische Angriffe halten könnte, die aber keine sind. Und es gibt die verschiedenen intensiven Grade des Verfolgungswahns.

Wenn man in dieser Situation bei klarem Verstand bleiben und nicht in unbegründeter Panik ausbrechen will, ist es sehr empfehlenswert, äußere magische Einflüsse von inneren Gefühlen und Bildern unterscheiden zu können.

Leider ist das nicht so ganz einfach:

- Sowohl äußere Angriffe als auch innere Probleme schwächen die Lebenskraft eines Menschen und führen daher zu den dafür typischen Symptomen wie Erschöpfung, Schwindel, Störungen der Erinnerungsfähigkeit, Schlaflosigkeit, Depressionen und ähnlichem.

- Wenn Ängste auftreten, können auch diese sowohl in einem magischen Angriff als auch in einem inneren Konflikt oder sogar Trauma begründet liegen. Zu den Symptomen solcher Ängste gehören außer der Angst selber auch solche Symptome wie Alpträume, Herzrasen oder Panikattacken. Hier ist eine Unterscheidung dadurch möglich, daß man schaut, ob man die Ursachen dieser Ängste erkennen kann. Wenn man Übung mit einer solchen Innenschau hat und dabei keinerlei mögliche Ursachen finden kann, könnte es sich bei diesen unbegründeten Ängsten um die Folgen eines magischen Angriffs handeln.

- Ein recht markantes Symptom sind Halluzinationen und andere Formen des Realitätsverlustes. Man weiß natürlich in solchen Fällen auch nicht gleich, ob es sich hier um einen magischen Angriff oder um eine Psychose handelt. Auch hier kann man im Grunde nur schauen, ob man die Wurzeln der Symptome finden kann.
Dies ist wie bei dem Unterscheiden der Telepathie von eigenen Bildern und Gedanken: Einen eigenen Gedanken oder ein eigenes Bild kann man immer zwei, drei Entwicklungsschritte zurückverfolgen – wenn man ein bißchen Übung damit hat. Man kann sehen, wie man zu diesem Bild oder diesem Gedanken gekommen ist: Man dachte an eine Spinne, weil man ins Bad gegangen ist und dort vor drei Tagen einmal eine dicke Spinne auf dem Klodeckel gesessen hat. Wenn man jedoch auf einmal an eine Spinne denken muß und Angst bekommt und nichts finden kann, wodurch man auf einmal zu diesem Bild gelangt ist, könnte dieses Bild einen telepathischen Ursprung haben, das heißt unter Umständen ein Teil eines magischen Angriffs sein.
Da der magische Angriff auf die eigene Psyche und auf den eigenen Körper wirkt, erscheinen dort eben Phänomene, zu denen die Psyche und der Körper in der Lage sind – mit und auch ohne äußeren magischen Einfluß. Man kann beides nur durch seinen Ursprung – innen oder außen – unterscheiden.

- Schließlich gibt es noch die auffälligen Veränderungen im Alltag: Krankheiten, Unfälle, unerklärliche Häufungen von Fehlschlägen der eigenen Handlungen, ein stark zum Negativen hin verändertes Verhalten von vertrauten Menschen einem gegenüber u.ä.
Auch hier muß man wieder schauen, ob man die Ursachen erkennen kann. Wenn sich ungewöhnliche schädliche Ereignisse häufen und das Leben auf einmal deutlich anders verläuft als man es gewohnt ist, ist die Wahrscheinlichkeit hoch, daß ein äußerer, schädigender magischer Einfluß vorliegt.
Sicherheitshalber sollte man – sofern man in der Astrologie bewandert ist –

auch einmal nach den Planetenständen schauen, ob diese gerade sehr ungewöhnlich sind und den eigenen gewohnten Rhythmus durcheinander bringen. Allerdings ist es ja auch denkbar, daß ein Gegner nicht nur Magie benutzt, um den Angriff durchzuführen, sondern auch Astrologie verwendet, um einen günstigen Angriffs-Zeitpunkt auszuwählen …

- Man kann auch – wie in der Kriminalistik üblich – schauen, wer einen so großen Groll gegen die möglicherweise per Magie angegriffene Person haben könnte, daß sie selber den Betreffnden angreift bzw. solch einen Angriff in Auftrag gibt.
Nah damit verwandt ist die Fragestellung: Wer könnte einen Nutzen von der Schädigung oder Tötung des Betreffenden haben?
Doch auch diese beiden Blickweisen helfen nicht immer, einen möglichen magischen Angriff sicher zu erkennen oder ihn auszuschließen zu können.

- Ein Unterscheidungskriterium, das manchmal auch weiterhelfen kann, ist zu schauen, ab welchem Zeitpunkt die ungewöhnlichen Ereignisse und Symptome aufgetreten sind. Wenn diese Dinge in einem selber begründet liegen, sollte es möglich sein, die Vorgeschichte und auch die Steigerung der Problematik zu erkennen, die schließlich zu dem Beginn der ungewöhnlichen Ereignisse geführt haben. Zudem sollten diese Ereignisse als logische Folge der vorhergehenden Steigerung des Problems in der eigenen Psyche erkennbar sein.
Wenn die ungewöhnlichen Ereignisse hingegen plötzlich auftreten und keinerlei erkennbar Vorgeschichte in der eigenen Biographie und in den eigenen Lebensumständen haben, besteht die Möglichkeit, daß es sich um einen magischen Angriff handelt. Es ist natürlich auch denkbar, daß Die Ereignisse von einem Teil der eigenen Psyche, von dem man bisher nichts gewußt hat – aber das ist nicht sehr wahrscheinlich.
Generell kann man sagen, daß die Wirkung eines magischen Angriffs eher plötzlich eintreten wird – eben dann, wenn der Angriff stattfindet. Eine allmähliche Verschlechterung der eigenen Situation spricht hingegen eher für ein hausgemachtes Problem – wobei auch diese Unterscheidung nicht vollkommen sicher ist.

Es ist leider nicht einfach, magische Angriffe von hausgemachten Problemen klar und eindeutig zu unterscheiden. Daher empfiehlt es sich, möglichen magischen Angriffen vorzubeugen, indem man die eigenen Schwachpunkte heilt und sich in Schutzzaubern wie dem Kleinen Pentagramm-Ritual übt.
Es gibt noch eine weitere Überlegung zu magischen Angriffen: Ein Mensch, der mit niemandem zu tun hat, der sich mit Magie auskennt, wird mit sehr großer Wahr-

scheinlichkeit auch kein Opfer von magischen Angriffen werden. Ein Mensch, der selber ein Magie-Profi ist und ständig mit anderen Magiern zu tun hat und zudem auch noch gerne anderen auf die Füße tritt, lebt mit einem deutlich größeren Risiko, auf magische Weise angegriffen zu werden.

Dieselbe Überlegung gilt auch in Bezug auf die Kultur, in der man lebt. In einer ganz normalen westlichen Großstadt ist die Chance, per Magie angegriffen zu werden, deutlich geringer als z.B. in einem afrikanischen Dorf, in dem Magie noch zum ganz normalen Alltag gehört.

Alle diese Überlegungen enthalten kein völlig sicheres Kriterium, durch das man die in einem selber begründeten Erlebnisse sicher von Erlebnissen unterscheiden könnte, die von außen her magisch verursacht worden sind. Das einzige wirklich sichere Unterscheidungsmerkmal ist der Ursprung des Phänomens im eigenen Inneren oder im Außen – und man braucht einiges an Übung, um das durch die Innenschau einigermaßen sicher unterscheiden zu können.

Aber es ist schon ein großer Vorteil, wenn man nicht sofort an eine Psychose und ein Trauma und genauso wenig sofort an einen magischen Angriff denkt, wenn auf einmal alles schiefgeht oder die seltsamsten Probleme auftauchen. Wenn man so wach und bewußt bleibt, daß man die Situation „von oben her" betrachten kann und zu einem möglichsten gut fundierten Urteil gelangt, ist schon einiges gewonnen – man hat sich immerhin schon einmal nicht ins Bockshorn jagen lassen.

VII Weiterführendes Studium und Praxis

Ich selber kann kein Buch „Kampfmagie für Fortgeschrittene" schreiben, da es mir an den nötigen Erfahrungen für solch ein Buch fehlt – ich kann die Grundlagen beschreiben und den generellen Rahmen sowie eine allgemeine Orientierung geben.

Ob man solch ein Buch benötigt, hängt davon ab, was man erreichen will. Es ist auch fraglich, ob man durch weitere Bücher auf ein deutlich höheres Niveau bezüglich der Kampfmagie gelangen kann.

1. Literatur

Es stellt sich auch sofort das Problem, daß es so gut wie keine Bücher oder Zeitschriftenartikel über Kampfmagie gibt – Anleitungen zu den verschiedensten Arten der Schadensmagie sind weit verbreitet und leicht zu finden, doch für die eigentliche Kampfmagie existiert fast nichts – wenn man einmal von der Fantasy-Literatur und den fernöstlichen Filmen absieht, die nicht unbedingt vollständig auf realen Erfahrungen beruhen.

Immerhin wird in diesen Romanen und Filmen die außergewöhnliche Magie in zunehmendem Maße mit den Göttern assoziiert – entweder erhält der Held sie direkt von den Göttern oder er erhält sie durch von den Göttern erschaffene oder geweihte Gegenstände. Das Fantasy-Genre nähert sich allmählich den tatsächlichen Gegebenheiten der Magie an.

An konkreter Literatur gibt es meines Wissens nur einen dreiteiligen Artikel von Frater V.D. in der Zeitschrift „Anubis" sowie ein Kapitel in dem Buch „Hohe Schule der Magie II", ebenfalls von Frater V.D.

2. Gemeinschaften

Eine größere Chance der Weiterentwicklung der eigenen Kampfmagie-Fähigkeiten als durch das Lesen vieler Bücher bieten die verschiedenen Orden und Kampfsport-Schulen, wobei man hier möglicherweise auch erst einmal eine ganze Weile suchen muß, um in der Spreu den Hafer zu finden.

Aber man wird nichts finden, wenn man nicht zu suchen beginnt …

3. Lehrer

Schließlich gibt es noch den Umstand, daß Menschen im allgemeinen am einfachsten und schnellsten von einem Vorbild lernen können, also von jemandem, der das, was man erlernen will, bereits beherrscht. Das ist bei der Magie schon nicht so ganz einfach, aber bei der Kampfmagie noch schwerer – aber nicht unmöglich.

4. Der eigene Weg

Letztendlich kann ein solches Buch wie das, das Sie gerade lesen, nur Anregungen geben – den Weg muß man selber gehen und Dinge ausprobieren, Experimente durchführen und sie anschließend analysieren, bereit für die Veränderung der eigenen bisherigen Ansichten sein … und eben Schritt für Schritt zu gehen, ohne den ganzen Weg oder das Ziel, an das man gelangen wird, bereits zu kennen …

Vielleicht ändert man im Verlauf der Wanderung sogar mehrmals das Ziel, das man erreichen will und somit auch die generelle Richtung …

Es ist auch wichtig, den eigenen Stil zu finden, denn nur dann, wenn man so handelt, wie es einem entspricht, kann man wirklich effektiv sein. Möglicherweise vereint man mehrere verschiedene Traditionen zu dem eigenen Stil, vielleicht fügt man etwas Eigenes zu einer Tradition hinzu, vielleicht findet man auch durch die eigene Forschung grundsätzliche neue Möglichkeiten …

Der Ausgangspunkt ist immer die Prägung durch die eigene „Familientradition". Hinzu kommen evtl. noch Prägungen durch Einweihungen. Beide wirken durch „Belehrung und Kraftübertragung" – bei der Familientradition ist dies unbewußt, bei der Einweihung bewußt. Dies ist der Ausgangspunkt, der dann durch die eigenen Überlegungen, Experimente, Erfahrungen, Schlußfolgerungen und Entscheidungen weiterentwickelt wird.

Das gilt für alles im Leben und auch für die Magie einschließlich der Kampfmagie.

VIII Zusammenfassung

Der häufigste Fall von aggressiver Magie ist der Schadenszauber, der in aller Regel heimlich durchgeführt wird.

Weiterhin gibt es die mehr oder weniger unbewußte Magie, die in Beziehungen, Freundschaften, Arbeitsverhältnissen u.ä. Dominanz-Verhältnisse erschafft. Auch wenn diese Magie in der Regel unbewußt ist, kann sie trotzdem sehr wirksam sein – vor allem wenn bei dem Täter und dem Opfer jeweils ein Trauma vorliegt, das sie zu Fixierungen auf bestimmte Gefühle bringt.

Der in Fantasy-Romanen und Fantasy-Filmen gerne dargestellte Kampf zwischen zwei Magiern, die sich gegenüberstehen und sich nur mittels Magie bekriegen, ist ausgesprochen selten – schon weil das heimliche Verfluchen viel effektiver ist, da sich der Angegriffene nicht so einfach dagegen wehren kann.

Die Benutzung von Magie als Unterstützung von physischen Kämpfen ist hingegen schon bekannter – vor allem aus dem Fernen Osten (Shaolin, Karate u.ä.) und aus dem russischen Systema.

Anfällig für magische Angriffe ist man vor allem dann, wenn man Schwachpunkte hat, die auf einer ungleichen Verteilung der Lebenskraft auf die Chakren beruhen, wodurch man in eine bestimmte Rolle gerät: Süchtiger, Asket, Täter, Opfer, Star und Fan. Somit besteht der wichtigste Schutz gegen magische Angriffe darin, diese eigenen Schwachpunkte aufzulösen und zu heilen.

Für das eigentliche Erlernen der Kampfmagie gibt es kein allgemeines Rezept – dafür sind die Menschen zu verschieden. Man kann diese Form von Magie nur lernen, wenn man einfach mal an einer Stelle anfängt und dann immer weitergeht.

Zudem gibt es auch nicht die „spezielle Kampfmagie" – die Kampfmagie ist die „allgemeine Magie", die auf spezielle Ziele ausgerichtet worden ist. Daher ist das Erforschen und Üben und Anwenden der Magie in den verschiedensten Lebensbereichen auch die solideste Grundlage für das Erlernen der Kampfmagie.

Natürlich kann man sozusagen „Aufbaukurse" in einem Shaolin-Kloster oder in einer Systema-Schule besuchen, aber das ist nicht der erste Schritt, sondern – wie gesagt – der Aufbaukurs für Fortgeschrittene.

Bücher von Harry Eilenstein

- The Synthesis of Physics and Magic (192 p.)	- Money Magic for Beginners (60 p.)
- Telepathy for Beginners (60 p.)	- Magic Objects for Beginners (64 p.)
- Telepathy for Advanced Learners (52 p.)	- Shamanism for Beginners (52 p.)
- Telekinesis for Beginners (56 p.)	- Chakra-Magic for Beginners (148 p.)
- Life Force for Beginners (76 p.)	- Language of the Moon – for Beginners (128 p.)
- Kundalini for Beginners (104 p.)	- Self Knowledge for Beginners (60 p.)
- Astral Projection for Beginners (60 p.)	- Da'ath-Magic for Beginners (64 p.)
- Meditation for Beginners (60 p.)	- Astrology for Beginners (112 p.)
- Prophecy for Beginners (60 p.)	- Number Symbolism for Beginners (64 p.)
- Ritual Magic for Beginners (64 p.)	- Mandalas for Beginners (76 p.)
- Magic Chant for Beginners (108 p.)	- Crop Circles for Beginners (344 p.)
- Invocations for Beginners (52 p.)	- Feng Shui for Beginners (96 p.)
- Evocations for Beginners (62 p.)	- Magic Research for Beginners (140 p.)
- Auto-Movement for Beginners (60 p.)	
- Elves for Beginners (56 p.)	- Magic for Beginners – Anthology I (636 p.)
- Hypnosis for Beginners (56 p.)	- Magic for Beginners – Anthology II (616 p.)
- Love Magic for Beginners (52 p.)	- Magic for Beginners – Anthology III (684 p.)
	- Magic for Beginners – Anthology IV (580 p.)

Religion allgemein
- Die sieben Schritte des Lebens (428 S.)
- Muttergöttin und Schamanen (168 S.)
- Totempfähle (440 S.)
- Der Urriese (168 S.)

Jungsteinzeit
- Göbekli Tepe (472 S.)
- Die Göttin von Göbekli Tepe (144 S.)

Ägypten
- Hathor und Re 1: Götter und Mythen im Alten Ägypten (432 S.)
- Hathor und Re 2: Die altägyptische Religion – Ursprünge, Kult und Magie (396 S.)
- Isis (508 S.)
- Ma'at (200 S.)

Christentum
- Christus (60 S.)
- Die Biographie des Teufels (144 S.)

Indogermanen
- Die Entwicklung der indogermanischen Religionen (700 S.)
- Wurzeln und Zweige der indogermanischen Religion (224 S.)

Griechen
- Pan (336 S.)
- Poseidon (668 S.)

Inder
- Dakini (80 S.)
- Vajra (76 S.)

Germanen
- Die Götter der Germanen (87 Bände – siehe nächste Seite)
- Odin (300 S.)

Kelten
- Cernunnos (690 S.)
- Taliesin (228 S.)
- Der Kessel von Gundestrup (220 S.)
- Der Chiemsee-Kessel (76)

Psychologie
- Über die Freude (100 S.)
- Das Geheimnis des inneren Friedens (252 S.)
- Das Beziehungsmandala (52 S.)
- Gefühle und ihre Verwandlungen (404 S.)
- einsgerichtet (140 S.)
- Liebe und Eigenständigkeit (216 S.)
- Von innerer Fülle zu äußerem Gedeihen (52 S.)

Heilung
- Die Symbolik der Krankheiten (76 S.)

Kunst
- Herz des Tanzes – Tanz des Herzens (160 S.)
- Die Wurzeln der Kunst (60 S.)
- Wege zur Musik-Improvisation (32 S.)

Drama
- König Athelstan (104 S.)

„Magie für Anfänger"

- Telepathie für Anfänger (60 S.)
- Telepathie für Fortgeschrittene (52 S.)
- Telekinese für Anfänger (52 S.)
- Analogien für Anfänger (56 S.)
- Omen und Orakel für Anfänger (52 S.)
- Lebenskraft für Anfänger (60 S.)
- Meditation für Anfänger (56 S.)
- Kundalini für Anfänger (100 S.)
- Hypnose für Anfänger (56 S.)
- Kampfmagie für Anfänger (172 S.)
- Auto-Movement für Anfänger (56 S.)
- Chakra-Magie für Anfänger (148 S.)
- Astralreisen für Anfänger (56 S.)
- Astrologie für Anfänger (120 S.)
- Astrologische Quadrate für Fortgeschrittene (72 S.)
- Silberschnüre für Anfänger (52 S.)
- Zaubersprüche für Anfänger (60 S.)
- Ritual-Magie für Anfänger (56 S.)
- Mandalas für Anfänger (68 S.)
- Geldzauber für Anfänger (56 S.)
- Liebeszauber für Anfänger (52 S.)
- Invokationen für Anfänger (52 S.)
- Evokationen für Anfänger (60 S.)
- Geister für Anfänger (52 S.)
- Elfen für Anfänger (56 S.)
- Magie-Forschung für Anfänger (140 S.)
- Magie-Romantik für Anfänger (60 S.)
- Selbsterkenntnis für Anfänger (52 S.)
- Einweihungen für Anfänger (60 S.)
- Drogen-Kabbala für Anfänger (216 S.)
- Zahlensymbolik für Anfänger (60 S.)
- Die Sprache des Mondes – für Anfänger (116 S.)
- Zaubergesänge für Anfänger (100 S.)
- Zukunftschau für Anfänger (60 S.)
- Schamanismus für Anfänger (52 S.)
- Schwitzhütten für Anfänger (52 S.)
- Magische Gegenstände für Anfänger (68 S.)
- Übertragungen für Anfänger (68 S.)
- Zaubertränke für Anfänger (64 S.)
- Magie-Gesten für Anfänger (252 S.)
- Da'ath-Magie für Anfänger (64 S.)
- Magie-Heilungen für Anfänger (68 S.)
- Kornkreise für Anfänger (348 S.)
- Feng Shui für Anfänger (96 S.)
- Tao für Anfänger (112 S.)
- Magie für Anfänger – Sammelband   I (696 S.)
- Magie für Anfänger – Sammelband   II (664 S.)
- Magie für Anfänger – Sammelband   III (580 S.)
- Magie für Anfänger – Sammelband   IV (700 S.)
- Magie für Anfänger – Sammelband   V (676 S.)
- Magie für Anfänger – Sammelband   VI (640 S.)

„Traumreisen"

- Traumreisen zu Heilpflanzen (700 S.)

Magie

- Handbuch für Zauberlehrlinge (408 S.)
- Wie man das Pentagramm-Ritual zum Leben erweckt (308 S.)
- Tarot (104 S.)
- Physik und Magie (184 S.)
- Die Synthese von Physik und Magie (200S.)
- Die Magie-Formel (156 S.)
- Schwarze Löcher in der Magie (56 S.)
- Krafttiere – Tiergöttinnen – Tiertänze (112 S.)
- Schwitzhütten (524 S.)
- Mythen und Magie der Harfe (116 S.)
- Drei Adeptus Major Rituale (192 S.)
- Drei Adeptus Exemptus Rituale (120 S.)
- Zwei Infans Abyssi Rituale (128 S.)
- Die Magie der Propheten Elias und Elisa (96 S.)

Meditation

- Der Lebenskraftkörper (230 S.)
- Die Chakren (100 S.)
- Das Chakren-System mit den Nebenchakren (296 S.)
- Organe und Chakren (64 S.)
- Die platonischen Körper in den Chakren (156 S.)
- Meditation (140 S.)
- Drachenfeuer (124 S.)
- Kundalini I (676 S.)
- Kundalini II (672 S.)
- Reinkarnation (156 S.)
- einsgerichtet (140 S.)

Astrologie

- Astrologie (496 S.)
- Photo-Astrologie (428 S.)
- Die astrologischen Aspekte (88 S.)
- Horoskop und Seele (120 S.)

Kabbala

- Kursus der praktischen Kabbala (150 S.)
- Eltern der Erde (450 S.)
- Blüten des Lebensbaumes:
  - Die Struktur des kabbalistischen Lebensbaumes (370 S.)
  - Der kabbalistische Lebensbaum als Forschungshilfsmittel (580 S.)
  - Der kabbalistische Lebensbaum als spirituelle Landkarte (520 S.)
- Logik und Wirkung der Analogie (700 S.)

Eilenstein, Frater V.D., Knecht, Büdenbender
- Magie heute – Berichte aus der Praxis (288 S.)
- Living Magic (261 p.)

Büdenbender, Eilenstein
- Chaos, Alk und Magic (436 S.)

Die Themen der 87 Bände der Reihe „Die Götter der Germanen"

1. Die Entwicklung der germanischen Religion
2. Lexikon der germanischen Religion
3. Der ursprüngliche Göttervater Tyr
4. Tyr in der Unterwelt: der Schmied Wieland
5. Tyr in der Unterwelt: der Riesenkönig Teil 1
6. Tyr in der Unterwelt: der Riesenkönig Teil 2
7. Tyr in der Unterwelt: der Zwergenkönig
8. Der Himmelswächter Heimdall
9. Der Sommergott Baldur
10. Der Meeresgott: Ägir, Hler und Njörd
11. Der Eibengott Ullr
12. Die Zwillingsgötter Alcis
13. Der neue Göttervater Odin Teil 1
14. Der neue Göttervater Odin Teil 2
15. Der Fruchtbarkeitsgott Freyr
16. Der Chaos-Gott Loki
17. Der Donnergott Thor
18. Der Priestergott Hönir
19. Die Göttersöhne
20. Die unbekannteren Götter
21. Die Göttermutter Frigg
22. Die Liebesgöttin: Freya und Menglöd
23. Die Erdgöttinnen
24. Die Korngöttin Sif
25. Die Apfel-Göttin Idun
26. Die Hügelgrab-Jenseitsgöttin Hel
27. Die Meeres-Jenseitsgöttin Ran
28. Die unbekannteren Jenseitsgöttinnen
29. Die unbekannteren Göttinnen
30. Die Nornen
31. Die Walküren
32. Die Zwerge
33. Der Urriese Ymir
34. Die Riesen
35. Die Riesinnen
36. Mythologische Wesen
37. Mythologische Priester und Priesterinnen
38. Sigurd/Siegfried
39. Helden und Göttersöhne
40. Die Symbolik der Vögel und Insekten
41. Die Symbolik der Schlangen, Drachen und Ungeheuer
42.a Die Symbolik der Herdentiere I
42.b Die Symbolik der Herdentiere II
43. Die Symbolik der Raubtiere
44. Die Symbolik der Wassertiere und sonstigen Tiere
45. Die Symbolik der Pflanzen
46. Die Symbolik der Farben
47. Die Symbolik der Zahlen
48. Die Symbolik von Sonne, Mond und Sternen
49.a Das Jenseits I – Das Hügelgrab
49.b Das Jenseits II – Der Jenseitsweg
50. Seelenvogel, Utiseta und Einweihung
51. Wiederzeugung und Wiedergeburt
52. Elemente der Kosmologie
53. Der Weltenbaum
54. Die Symbolik der Himmelsrichtungen und der Jahreszeiten
55.a Mythologische Motive I
55.b Mythologische Motive II
56. Der Tempel
57. Die Einrichtung des Tempels
58. Priesterin – Seherin – Zauberin – Hexe
59. Priester – Seher – Zauberer
60. Rituelle Kleidung und Schmuck
61. Skalden und Skaldinnen
62. Kriegerinnen und Ekstase-Krieger
63. Die Symbolik der Körperteile
64.a Magie und Ritual I
64.b Magie und Ritual II
64.c Magie und Ritual III
65. Gestaltwandlungen
66.a Magische Angriffs-Waffen
66.b Magische Verteidigungs-Waffen
67. Magische Werkzeuge und Gegenstände
68. Zaubersprüche
69. Göttermet
70. Zaubertränke
71. Träume, Omen und Orakel
72. Runen
73. Sozial-religiöse Rituale
74. Weisheiten und Sprichworte
75. Kenningar
76. Rätsel
77. Die vollständige Edda des Snorri Sturluson
78. Frühe Skaldenlieder
79.a Mythologische Sagas I
79.b Mythologische Sagas II
80. Hymnen an die germanischen Götter